넌 대체 몇 년째
영어 공부를 하고 있는 거니?

넌 대체 몇 년째 영어 공부를 하고 있는 거니?

초판 1쇄 발행 2022년 12월 14일
초판 7쇄 발행 2024년 06월 14일

지은이 김재우
펴낸이 고영성

책임편집 박희라 **편집** 윤충희 **디자인** 강지은

펴낸곳 주식회사 상상스퀘어
출판등록 2021년 4월 29일 제2021-000079호
주소 경기도 성남시 분당구 성남대로 52, 그랜드프라자 604호
팩스 02-6499-3031
이메일 publication@sangsangsquare.com
홈페이지 www.sangsangsquare.com

ISBN 979-11-92389-13-4 03740

넌 대체
몇 년째

영어 공부를 하고
있는 거니?

김재우 지음

상상스퀘어

교육자와 학습자로 오랫동안 저자와의 관계를 이어오면서 저의 영어 실력을 '레벨 업'하게 해 주었던 핵심 내용이 이 책에 담겨있습니다. 저자는 순수 국내파로서 영어의 절대 고수가 된 사람이기에, 해외 경험 없이 국내에서의 학습으로 영어를 마스터하고자 하는 사람들에게는 이 책에서 소개하는 저자의 관찰과 경험이 공감되지 않을 수 없습니다. 오랜 기간 동안 영어를 놓지 않고 있음에도 불구하고 여전히 영어 구사에 애를 먹고 있는 학습자들에게 일독을 권하며, 저자가 제시하는 길을 따라가다 보면 어느 순간 자신의 영어가 달라져 있음을 느낄 겁니다.

남달우(구글 코리아 Analytical Lead)

20년 전 새벽반 교실, 수면 부족 학생들을 번쩍 정신 나게 했던 김재우 선생님의 힘찬 목소리가 이 책에서 들리는 듯합니다. 숨 쉴 수 없는 몰입의 시간을 마치면 비로소 밀려오던 뿌듯한 피로감. 김재우 선생님의 새벽반 수업은 치열한 배움의 시간으로 기억에 남습니다. 이제는 '자연스러운 영어'로 부르는 이 초대에 느긋한 마음으로 즐겁게 응할 생각입니다. 지면 수업은 더 깊어지고, 더 편해졌습니다. 이 책으로 또 기꺼이 학생의 자리에 앉습니다.

유진숙(번역가, 이화여대 통역번역대학원 출강)

3~4년 전 김재우 선생님의 수업을 들었습니다. 너무나 기본적인 단어라 당연시했던 것에 대한 일상에서의 생생한 용법을 새삼 알게 되어 놀랍고 신났습니다. 특히 다양한 구동사들을 정확하게 활용하게 되면서 영어가 훨씬 더 자연스러워졌습니다. 이 책은 김재우 선생님의 경험과 노하우가 풍성하고 효과적으로 집약되어 있습니다. 진작 이 책을 먼저 접하고 수업을 들었더라면 더 좋았을 것이라는 아쉬움이 생길 정도로 잘 정리된 책입니다. 영어를 한 단계 업그레이드하고 싶은 분들에게 강력히 추천합니다.

서철수(미래에셋증권 리서치센터장)

YTN 앵커 시절 상암동에서 퇴근 후 김재우 선생님의 수업을 들으려고 강남역 학원으로 향했습니다. 앵커 리포트를 직접 제작하면서 가끔 AP나 CNN 화면을 써야 할 일도 있었고, 외신 속보가 터져서 이를 전해야 하는 급박한 순간에 '영어 실력이 충만하다면 더 멋진 앵커가 되겠구나.' 하는 욕심과 목표가 있었기 때문입니다. 한국에서 취업과 입시 관문을 통과하려면 각종 어학 시험 성적으로 자신을 증명해 보여야 하고, 저 역시 꽤 높은 점수를 받는 축에 속하였지만 영어로 잘 말한다는 것, 소통한다는 것은 다른 차원의 문제라는 것을 잘 알고 있습니다. 이 책을 '더 멋진 나'를 만드는 좋은 도구로 삼을 예정입니다. "To sharpen my English skill!"

이인경(변호사, 전 YTN 앵커)

군더더기 없는 깔끔한 영어 문장을 발견하면 아이처럼 즐거워했던 재우 쌤의 모습이 지금도 생생합니다. 사실 중년에 접어든 우리들에게 영어 공부가 어려운 건 시간이 없고 끈기가 예전 같지 않기 때문만은 아닙니다. 어디서부터 어떻게 다시 시작해야 될 지가 막막하다는 게 가장 큽니다. 제가 김재우 선생님의 강의를 좋아했던 이유는 그 포인트를 정확히 알고 있기 때문입니다. 진정한 '영어 무림 고수' 재우 쌤의 글을 읽으니 영어와 친해지고 싶은 마음이 일렁입니다. '다시' 시작하려는 우리들에게 이 이상의 길잡이는 없으리라 확신합니다.

임명현(MBC 기자)

한국에서 8년간 영어 선생님으로 활동하고 있는 니콜라스 무어입니다. 지난해에는 응용언어학 석사 과정을 마쳤습니다. 그동안 제 수업 자료를 비롯해 다른 선생님과 함께 풍부한 자료를 개발했습니다. 특히 다니엘(김재우) 선생님과 말이죠. 5년 넘게 다니엘(김재우) 선생님과 일하면서 느낀 점이 있는데요. 저희 둘 다 성인 학습자들을 돕고자 하는 열정이 있다는 것입니다. 많은 한국인이 근사하게 쓰인 뉴스 기사를 읽어야 영어가 유창해진다고 생각하는 것 같습니다. 하지만 저와 다니엘(김재우) 선생님의 생각은 다릅니다. 오랫동안 강의를 하면서 느낀 점은 한국 학습자들이 구어체 영어 연습에 더 집중해야 한다는 것입니다. 이 책에서 소개된 모든 부분에 대해 동의합니다. 특히 구동사와 명사절의 적절한 활용의 중요성에 대해서는 다니엘(김재우) 선생님의 말에 전적으로 공감합니다. 구동사와 명사절 사용에 익숙해지면 여러분도 다니엘(김재우) 선생님 수준의 영어 구사력에 도달할 수 있다고 확신합니다. 해외 경험이 없다 하더라도 말입니다. 여러분의 목표 지점에 도달하기 위해 필요한 영어 실력을 하루 빨리 겸비할 수 있기를 바랍니다. (My name is Nicholas Moore and I have been an English teacher for 8 years in Korea. I just finished earning my master's in Applied Linguistics last year. I also have extensive experience developing materials for my own classes and working with others, especially with Daniel Kim. Having worked with Daniel for over 5 years, I can tell we share a passion helping adult students. Many Koreans seem to believe that, to gain fluency, they just need to read eloquently-written news articles, but we don't see it that way. Having taught for so long, we can both tell that Korean language learners need to work more on spoken English. While I support every point made in this book, I couldn't agree more with Daniel on the value of both phrasal verbs, and how important it is to be able to use noun clauses properly. If you get used to using phrasal verbs and noun clauses, then I'm sure you can also reach his level of fluency, even if, like him, you've never lived abroad. I hope you quickly gain the fluency you need to achieve your goals.)

Nicholas Moore(차의과대학교 교수)

존버, 덕후 그리고 영어 관찰 일기

강남역 어학원에서의 10년은 내일만 생각하고 살기도 바쁜 나날이었습니다. 하지만 진심으로 수업 준비를 하고서 학생분들을 대해서인지 제가 선보인 강의를 인정해 주시는 분이 꽤 많았던 듯합니다. 그 당시 3년째 남양주에서 강남역까지 와서 수업을 듣고 있던 한 남성분에게 강의 홍보 영상 인터뷰를 부탁했더니 "이젠, 토요일만 기다려집니다."라는 그야말로 인상적인 멘트를 떡하니 날려 주시기도 했습니다.

"쌤, 수업 자료에서 정성이 느껴져요. 진짜 도움되는 콘텐츠 만들어 주셔서 고마워요!"

이런 이야기를 들을 때면 정말 피곤한 줄 몰랐습니다. 그때(한창 잘 나가던)는 많은 학생들 앞에서 강의를 하는 것이 좋았다면, 지금은 제 생각을 정리하는 일에서 더 큰 기쁨과 희열을 느끼며 살고 있습니다. 절대 고독의 시간은 저에게 '영어'라는 언어를 좀 더 깊이 파고들게 해 주었습니다.

저는 10년 넘게 '네이버 카페'를 운영하고 있습니다. 유튜브나 블로그 등과 달리 네이버 카페는 가입을 해야만 글을 볼 수 있는 접근이 제한된 그런 공간이지요. 그런데 오히려 이러한 폐쇄성이 좀 더 편하게 제 생각을 공유할 수 있게끔 해줍니다.

'어차피 다수의 대중이 보는 글도 아니니 좀 더 솔직하고 깊이 있게 내 생각을 써 내려가 보자.'

사실 처음엔 꾸준히 쓸 생각을 하지 못했습니다. 수업 준비를 하거나 원어민과 대화를 하면서 좋은 영어 문장이 눈에 보이면 공유하는 정도였는데요. 시간이 지나면서 일상이 되었고, 제 생각에 공감을 해 주는 이들도 점점 생겨나서 일종의 '인정받는 느낌', '나만 공유할 수 있는 영어적 지식'이라는 으쓱함에 몇 년째 글을 쓰고 있습니다. 이름하여 '영어 관찰 일기'입니다.

"뭘 관찰하는데?" 이런 말이 들리는 것 같습니다. 저 역시 영어가 뭐길래 관찰까지 하나 싶은 생각을 할 때도 있습니다. 하지만 영어와 함께 하는 시간이 길어질수록 그리고 수많은 한국 학습자가 10년이나 영어를 붙들고 있는데도 여전히 브로큰 잉글리시broken English에 허덕이며 이것저것 해 볼 것 다 해 봐도 체감할 만한 개선이 되지 않는 걸 보면서, "어디서부터 꼬인 걸까? 좀처럼 늘지 않는 우리의 영어, 어떻게 해야 하는 걸까?" 등에 대한 나름의 '관찰'이 쌓이고 있습니다.

너무 아카데믹한 영어만 많이 해서 그런 걸까?
어릴 때부터 안 배우고 나이 들고 배워서 그런 걸까?

생활 속에서 익히지 않고 책으로 공부해서 그런 걸까?

아는 단어를 두루두루 쓸 수 있는 훈련을 하지 않고, 어려운 단어 암기에 몰두한 결과일까?

영어 스피킹은 진정 노력하면 느는 걸까?

이러한 수많은 생각과 고민 그리고 나름의 해답을 '영어 관찰 일기'를 통해 꾸준히 공유하고 있답니다.

몇 년 전 학생들과 수업을 하던 중이었습니다.

"쌤, 존버가 최고예요."

"존버요? 그게 뭔가요?"

들어보니 '끝까지 버틴다'는 그런 의미이더군요. 20여 년 전 통번역대학원 진학을 목표로 혜화동 어느 학원의 문을 두드린 기억이 아직도 선명합니다. 변한 것이 있다면 스물여섯의 청년이었던 제가 이제 중년의 남성이 되었다는 점이죠. 그 긴 시간 동안 많은 것이 변했을 겁니다. 다만, 그때도 지금도 '영어 공부'를 중심으로 저의 일상이 돌아가고 있다는 점만큼은 여전합니다. 어쩌면 이 모든 것이 단조롭고 반복되는 일상을 나름 잘 견디는 저의 기질 탓인지도 모르겠습니다. '버티기를 좋아해서'라기 보다 딱히 대안도 없으니 버텨온 것이었는데 그러다 보니 어느새 영어만 죽도록 파는 이가 되어 버렸더군요.

분주한 오프라인 영어 강의를 할 때와는 달리 혼자만의 시간이 길어진 몇 년 전부터는 '영어 덕질'이 더 심해졌습니다. 좀 더 포장하여 진정한 '영어 덕후'의 길로 빠져들게 되었습니다. 그리고 그동안 제 몸속 깊숙이 쌓여온 영어에 대한 생각을 온전한 하나의 책으로 만들어 보고 싶다는 욕심이 생기기 시작했습니다. 다만, 책이라는 상품을 대중들과 공유하기 전에 충족되어야 할 저만의 전제 조건이 생기더군요.

영어를 가르치는 것을 업으로 하는 사람이기에 저 자신의 영어적 내공, 나아가 저의 실제 영어 구사력이 원어민의 그것에 근접했을 때 펜을 들 수 있겠다는 생각이 들었습니다. 또 하나, 단 한 번도 영미권 국가에서 생활을 해 보거나 어릴 때부터 영어 조기 교육 등을 받은 것이 아닌 순수 국내파의 뇌 구조로도 "영어, 이만큼 한다!"라는 말을 원어민으로부터 들을 수 있을 때 당당하게 제 생각을 대중과 공유해 보리라는 다짐을 하게 되었답니다.

언제부턴가 주위의 많은 원어민이 제가 구사하는 영어에 대해 대단히 좋은 평가를 내려주기 시작했습니다. 그중에서 콘텐츠를 제작하면서 알게 된 미국 네바다 출신의 Hailey는 제가 구사하는 영어에 대해 다음과 같은 평가를 했습니다.

"저희 첫 대화 때 다니엘(다니엘은 제가 사용하는 영어 이름입니다.)이 외국에서 오래 살았거나 외국에서 공부를 한 줄 알았어요. 그게 아니라는 걸 알고는 상당히 놀랐답니다. 대화를 하는데 평소대로 영어를 하면서도 편하게 이야기를 나눌 수 있었답니다. 교포들과 대화할 때조차 제 영어를 그들 수준에 맞취야 할 때도 있는데 말이죠. 제가 하는 말을 완벽히 이해하고 주제에 관계 없이 유창하게 표현을 하더군요. 미국에 살게 된다면 바로 현지인과 섞일 수 있을 거라고 확신합니다. 원어민이 실제 쓰는 표현을 쓰니 소통하기가 너무 수월합니다. 어떤 영어권 환경에서도 막힘없이 쉽게 소통할 거라고 생각합니다. (From our first conversation, I assumed you had spent a lot of time living or studying abroad. When I found out that wasn't the case, I was impressed. During our conversations, I was able to talk comfortably without having to modify my English. I normally have to even with gyopos. Somehow you were able to understand me and express yourself fluently no matter the topic. If you ever decided to live in America, I have no doubt you'd fit right in. Your use of native phrases makes it super easy to communicate. I think you would be able to interact and thrive in any English environment.)"

'영어를 가르치니 영어를 잘하는 건 당연한 것 아닌가?'라고 생각할 수도 있습니다. 일리가 있는 말씀입니다. 하지만 현실은 꼭 그렇지가 않은 것 같습니다. 저 역시 많이 부족했기 때문에 잠시라도 영어 공부를 게을리할 수 없었고, 가장 욕심나는 것은 '최대한 원어민과 비슷한 영어 표현과 문장으로 소통하기'였습니다. 그리고 어느 시점부터 '이것이 현실화되기 시작하는구나.'를 느끼게 되고, 다수의 원어민으로부터 위와 같은 긍정적인 피드백을 받으면서 제가 생각하는 영어 공부 방식에 대한 일종의 확신이 생기기 시작했습니

넌 대체 몇 년째 영어 공부를 하고 있는 거니?

다. 그리고 그것이 바로 제가 책을 쓸 용기를 낼 수 있었던 원동력이 되었습니다. 그러던 중 지난해 말 걸려온 상상스퀘어로부터의 전화 한 통은 저의 작은 소망을 현실이 될 수 있게 해 주었습니다. 지면을 통해 다시 한번 감사하다는 말씀을 드리고 싶습니다.

그동안 강의를 하면서 유명인들과 만날 수 있었던 것도 저로서는 행운이었고 감사한 일입니다. 바쁜 스케줄 중에도 수업에 적극적으로 임해주었으며, 특히 영어 동화를 무척 재미있게 공부하면서 쉬는 시간에는 질문도 잊지 않았던 개그맨 김영철 님, 바쁜 하루 일정을 마치고도 저녁 수업에 열심히 임해주었던 전 YTN 앵커 이인경 변호사님, 영어 공부도 하면서 간간히 저의 술 친구도 되어주셨던 MBC 임명현 기자님, 밤 10시라는 늦은 시각에 수업을 마치고도 저와 소주잔을 기울이며 영어 공부에 관한 이야기를 나누었던 김진욱 전 공수처장님 모두 감사드립니다.

무엇보다 제가 잘 나갈 때나 야인 생활을 할 때나 한결같이 저를 대해 주시고 제 수업을 아껴주셨던 많은 '찐 팬'분들이 있었기에 여기까지 잘 버티며 이 책을 쓸 수 있게 되었습니다. 가슴 깊이 감사드립니다.

본 책의 제목인 《넌 대체 몇 년째 영어 공부를 하고 있는 거니?》는 제 자신의 이야기이기도 하며, 수많은 대한민국 영어 학습자가 스스로에게 던지는 질문이기도 합니다. 제자리걸음인 것 같은 내 영어 실력의 원인을 정확히 알아야만 무엇으로 어떻게 공부해야 '레벨 업'을 할 수 있을지에 대해 객관적인 판단이 서게 되겠죠. 본 책은 이러한 점을 중심에 두고 집필되었으며, 각 장은 대략 다음과 같은 내용으로 구성되어 있습니다.

1장과 2장에서는 오랫동안 영어를 붙들고 있음에도 영어 실력이 좀처럼 늘지 않는 원인에 대한 제 나름의 분석을 정리해 보았으며, 3장에서는 영어 학습의 교본처럼 여겨져 온 영자 신문과 영어 뉴스 학습이 부자연스러운 영어를 만드는 주된 원인일 수 있다는 내용을 담았습니다. 4장에서는 모두의 관심사인 문법 공부에 대한 저의 생각을 공유했으며, 5장은 원어민스러운 영어 구사를 위한 필수 항목들을 정해 실제 사례 중심으로 이야기를 풀었습니다. 본 책의 마지막을 장식하는 6장에서는 저의 영어 공부 성공기와 해외 경험이 거의 전무한 실제 학습자의 영어 공부 성공 사례가 담겨 있습니다.

20여 년 전 통번역대학원 입시를 준비하던 그때의 각오를 떠올리며, 그동안 제가 보고 듣고 느낀 점들을 이 한 권의 책을 통해 여러분과 공유하고 싶습니다. 이 책이 여러분의 영어 학습에 있어서 하나의 좋은 길잡이가 될 수 있기를 진심으로 바랍니다. ✻

김재우

차 례

1장

난 대체 몇 년째
영어 공부를 하고 있는 걸까?

10년을 해도 제자리걸음 내 영어, 발을 담그지 말았어야 했을까?

이 책을 펼친 여러분은 어떤가요? 위의 제목처럼 '영어 공부, 10년을 해도 제자리걸음'이라는 느낌인지요. 조금 과하다 싶은 표현이지만 다른 한편으로는 가장 솔직한 심정일 수도 있습니다. 물론 10년 내내 영어 공부를 한 것은 아닐 터이고, 입시 준비하듯 전투적으로 한 것도 아닐 터이지만, 어찌 됐건 영어를 붙들고 있었던 시간을 생각하면 지금 내 영어 실력에 만족할 수 없는 분이 많을 거라고 봅니다.

"영어, 참 쉽지 않아요. 해도 표가 안 나고, 안 하면 당장 티가 나고요."

공감가시나요? 저 역시 경험했었고 그동안 많이 들어 왔던 말입니다. 영어 공부에 대한 제 개인적인 생각을 말씀드리기에 앞서 실제 학습자의 영어 공부에 대한 경험담과 소감 그리고 그들은 무엇 때문에 영어를 놓지 못하는가에 대한 몇 가지 사례를 공유해 봅니다.

3년 전쯤이었다. 자신을 대기업 9년 차라 소개한 봉균 씨는 이렇게 말했다.

"업무 능력이나 대인 관계 등은 자신이 있는데 영어 때문에 치고 올라가지 못하는 것 같습니다. 학원 수업도 듣고, 원어민과 일대일 과외도 해보는 등 여러 가지 시도를 했지만 영어 말하기가 안 됩니다. 정확히 말하면 어찌어찌 표현은 하겠는데 절반은 브로큰 잉글리시로 소통하는 느낌입니다. 그래서 마지막이라는 각오로 선생님께 연락을 드렸어요."

자동차 회사에 다니는 봉균 씨는 임원을 목표로 회사 생활을 하고 있다. 업무 역량은 누구에게도 뒤지지 않는다는 자부심을 가지고 있는 그이지만 자신의 영어 실력, 그 중에서도 스피킹 실력이 많이 아쉽다. 미국에서 대학을 졸업한 최 과장이 자신보다 먼저 차장 승진을 하는 것을 보고는 일찍 영어 공부를 시작하지 않은 자신이 원망스럽기도 했다.

최 과장의 승진은 그에게 영어 공부에 대한 강력한 동기 부여가 되었고, 이후로 그는 시간과 돈을 거의 모두 영어 공부에 투자하고 있다. 영어 스피킹은 원어민과 하는 게 맞다고 생각해서 일대일 원어민 과외도 꽤 오랫동안 받았다.

그런 그가 이런 말을 했다.

"선생님, 이게 참…… 원어민하고 말을 하면 그들이 실제 사용하는 현지 영어도 익히게 되어서 좋기는 해요. 그런데 뭐랄까…… 주어를 적절하게 잡아 준다거나 어순을 고쳐 주는 것과 같은 근본적인 '틀'에 대해서는 피드백이 약하더라고요. 지엽적인 문법 실수나 대체 어휘 정도를 제시해 주기는 하지만 양질의 인풋이 동반되지 않는 상태에서는 원어민과의 일대일 수업이라 하더라도 한계가 많은 걸 느낍니다."

❈

CNN은 들리지만 미드는 들리지 않는 명화 씨(외국계 회사 부장)

명화 씨는 외국계 회사에 다니고 있다. 특허 관련 업무를 담당하는 그녀는 법률 문서를 보는 일이 주요 일과이다. 띄엄띄엄 다니긴 하지만 통번역 학원의 '고급 영어 수업'도 가끔씩 수강해서 듣는다. 고급 진 영어 표현을 익히고 집에 오는 날이면 무척 뿌듯하다. 늘 지식에 대한 갈구와 자기 계발 욕심이 있는 그녀는《이코노미스트The Economist》나 CNN 방송에 등장하는 뭔가 세련된 영어 표현을 접하고 행간의 의미까지 파악하고 나면, 영어에 대한 자신감이 충만해진다. 그러던 그녀가 최근 들어 자신의 영어 실력에 대해 진한 아쉬움을 느끼기 시작했다. 영자 신문이나 잡지를 읽고 영어 뉴스를 듣는 것은 이제 어느 정도 할 만한데 미드(미국 드라마)나 영드(영국 드라마)는 거의 들리지 않고, 업무 영어는 웬만큼 하는데 스몰토크small talk는 대개 브로큰 잉글리시로 버티고 있다.

한번은 이런 일이 있었다. 함께 회식을 하게 된 John에게 먹고 싶은 것을 물었더니 "I am up for anything tonight."이라고 했다. '정확히 뭔 말이지?' 이해를 잘 못했지만, 그냥 "Yeah, okay."라고 해 버리고는 다시 자리로 와서 일을 했다.(참고로 up for anything은 '뭐라도 좋다.'라는 뜻입니다.)

한번은 또 이런 일이 있었다. 영국인 동료 Mark에게 "Are we still on

for tonight?(오늘 저희 약속 유효한 거죠?)"이라는 카톡이 왔다. 이 하나의 문장을 통해 명화 씨는 생각에 잠겼다. '어려운 단어가 하나도 없는데 어렵게 다가오는 건 뭐지? 이 상황에서 나는 이렇게 표현할 수 있을까?'

'반쪽 영어를 하고 있구나.' 하는 생각이 슬슬 자신을 괴롭히기 시작했다. 그래서 최근에는 미드도 좀 보고, 언젠가 지인이 추천했던 영어 동화책 《윔피 키드Diary of a Wimpy Kid》도 읽고 있다. '구어 영어만 좀 더 자연스러워지면 내 영어도 이제 중상이겠지……' 하면서 말이다.

❄

얼마 전 대학을 졸업한 후 성공적인 입사의 꿈을 이룬 윤정 씨

윤정 씨는 한국에서 태어나 대학교 때 호주로 잠시 교환 학생을 갔던 6개월을 제외하고, 중·고등학교 내내 전형적인 한국식 영어 교육을 받은 국내파다. 그래도 어렸을 때부터 "영어 좀 하네."라는 이야기를 들으며 자랐기에 진짜 잘하는 줄 알고 살았다. 그런데 3년 전 호주로 잠시 교환 학생을 가서 그게 착각이었다는 사실을 깨달았다. 거기에서 원어민들과 어울리며 점점 확실해지는 것이 있었다.

"내가 쓰는 영어 표현이 그들이 쓰는 표현과 완전히 다르구나."

다음 두 문장은 윤정 씨가 한국에서 영어 공부를 하며 단 한 번도 어색하다고 느낀 적이 없었지만, 호주에서는 아무도 쓰지 않는 표현이었다.

"I majored in Business."

"I graduated from a girls' high school."

원어민은 전공을 이야기할 때 "I did business."라고 표현했고, '○○○ 학교 졸업했다.'를 "I went to ○○○ school."이라고 표현했다.

이 외에도 그들이 구사하는 영어를 들으며 느낀 점은 기본 동사를 굉장히 많이 사용한다는 것이었다. 한국의 영어 학원에서 강조했던 그 수많은 고급 동사와 어휘를 현지에서는 거의 들을 수 없었다. 지금까지의 영어 학습 방법에 의구심이 들었고, 스스로 '어색한 영어'를 하고 있다는 자각이 들어 나중에는 주눅이 들었다.

이런 점을 인지하고 난 뒤로는 '살아있는 현지 영어'를 학습하고 그들처럼 표현할 수 있는 영어 구사력을 가지려고 원어민 초등학생이 읽는 동화를 읽고 있으며 영자 신문보다는 미드를 통해 구어 영어에 집중하고 있다.

❈

자신의 영어 실력에 대해 '독해와 청취 조금 가능', '대화 불가능'이라고 소개한 40대 직장인 K 씨

K 씨는 90년대에 학창 시절을 보낸 사람이라면 받았을 전형적인 영어 공부를 했다. 《맨투맨》과 《성문영어》로 문법을 익히고, 길고 긴 문법 설명과 단어들을 번호까지 매겨 가며 외우기만 했다. 쓸모없는 문법과 단어를 외운 것보다 더 절망스러운 것은 그때 배운 영어가 지금까지도 마치 지울 수 없는 상처처럼 몸속에 깊이 배어 있다는 점이다. 영어 단어나 표현을 상황 없이 독립적으로 그냥 외웠다. 하지만 영어 사용이 필요한 실제 상황이 되면 머릿속 어딘가에 들어 있을

연관된 단어나 표현이 전혀 떠오르지 않았다. 《뉴욕 타임스*The New York Times*》와 같은 영자 신문을 읽고 영어 원서로 된 소설을 읽는 것이 영어 실력을 높인다고 배워 영어 신문을 구독해 읽기도 했다. 하지만 정작 미국 출장 중 식당에서 음식 주문을 해야 하는 상황에서 일행이 몇 명이냐고 묻는 말에 "I'm one person."이라고만 했으며, 메뉴를 정한 뒤에는 영어로 말하는 게 자신이 없어서 손을 흔들어 직원을 불러야만 했고, 메뉴판을 손가락으로 가리키며 "This…… and…… that……"이라고 해버렸다. 뭐 더 필요한 것 없느냐고 물었을 때는 그냥 "No!"라고 했다.

K 씨는 종로, 강남 등지의 유명 학원에서 기초 영어 회화 수업을 들었다. 원어민 선생님이 설명해 주고, 한국 학생들끼리 영어로 대화를 하는 방식이었다. 지금 생각해 보면 최악의 수업 방법이었던 것 같다. 제대로 된 영어 표현에 대한 데이터가 없는 한국 학생들끼리 영어로 무슨 대화를 할 수 있었겠는가! 자기가 맞는다고 생각하는 말들을 그냥 의미 없이 지어냈을 뿐이었다.

출·퇴근 시에 귀에 이어폰을 꽂고 영화와 드라마, 뉴스 등을 영어로 무작정 듣고 다녔던 시절도 있었다. '오랜 기간 동안 자주 반복해서 들으면 언젠가는 들리겠지……' 하면서 말이다. 하지만 '마치 외계어가 있다면 이렇겠구나.' 싶었다. 결국 영어 표현에 대한 이해 없이 그냥 듣는 것은 아무 도움이 되지 않았다.

지금까지 영어 공부를 하기 위해 들인 시간이 모두 인생을 허비한 것 같아 아까운 마음이 들면서도 한편으로는 이 방법이 아니라는 사실을 너무나도 명백하게 알 수 있었다. 지금도 여전히 영어로 제대로 말을 못하고 있기 때문이다.

K 씨는 요즘 미국 어린이가 읽는 동화를 읽으면서 주요 표현을 써 보고 있

다. 자신이 만든 문장은 콩글리시가 될 확률이 높기 때문에 동화를 통해서 적합한 영어 표현을 자신의 것으로 만들려고 한다. 막상 해 보니 영어 동화 만한 교재가 없다. 외국 어린이가 구사하는 단어나 표현 정도를 익힌다면 영어로 의사소통하는 데는 충분할 것 같다.

미드가 다는 안 들리지만 '이런 표현은 이런 상황에서 이런 느낌으로 쓸 수 있구나.' 하는 점을 주의 깊게 보고 체화하려고 한다. 한국에서 영어 학습자가 외국에 가지 않고 간접 경험할 수 있는 최고의 방법인 것 같다. 청취가 느는 건 덤이다.

당장 내일 영어를 쓸 일도 없고, 일하는 데 영어가 꼭 필요한 것은 아니지만 영어 공부를 계속 하고 있다. 마음속 한편에는 영어를 잘하고 싶다는 생각이 늘 있다. 세계에서 가장 범용적인 언어를 배운다는 자부심을 갖고 외국인과 그들의 언어로 말을 하고 싶다. 그리고 언젠가는 그 꿈을 이룰 수 있을 거라 생각한다.

✳

지금 이 순간 영어 좀 잘해보겠다고 고군분투하고 있는 저마다의 사정을 담은 사례를 가감 없이 공유해 보았습니다. 각자의 필요와 목표 수준에 따라 누군가에게는 영어가 재미있는 존재이지만, 누군가에게는 일종의 스트레스가 되기도 합니다. 하지만 분명한 점은 이 책을 함께 하고 있는 여러분 모두 '영어 좀 하는 사람이 되고 싶다.'는 소망을 품고 있다는 것입니다. 그 소망과 '영어 공부'라는 여정에 조금이라도 보탬이 될 수 있는 내용을 담아 제가 보고 느끼고 부딪히면서 얻은 나름의 인사이트insight를 하나하나 소개해 보려고 합니다.

영어를 가르치는 일이 제가 하는 일이다 보니 여러분보다 상대적으로 영어 학습량이 많았겠지만, 한 가지 분명한 점이 있습니다. 저와 여러분은 100% 동일한 언어 논리 구조를 가지고 있다는 점입니다. 유년기나 청소년기의 몇 년을 영어 사용 국가에서 보낸 이들은 도저히 이해할 수 없는 '우리만 느끼고, 우리만 아는 고충', 바로 이것을 시발점으로 해서 제 생각을 공유해 보겠습니다.

많은 분이 저에게 이런 말을 합니다.

"쌤, 영어가 생각만큼 참 안 늡니다. 단어도 외우고, 영자 신문도 읽고, 미드도 보고, 원어민 수업도 들어 보고, EBS 방송도 듣고…… 그런데 배우는 영어 따로, 내 입에서 나오는 영어 따로네요. 가성비가 너무 낮아요."

네, 저도 인정합니다. 그 심정 너무나 잘 알고 있습니다. 하지만 조금 냉정하게 생각해 볼 필요가 있습니다. 우리는 언어 발달기인 유아기나 청소년기 때부터 일상의 삶 속에서 자연스럽게 영어를 익히지 않았기 때문에 1차적으로 언어 형성에 '절대적인 시기'를 놓친 겁니다. 그 시기를 놓치면 의식적인 학습을 해야 한다는 이야기인데, 여타 다른 학문과 달리 언어 습득은 외국어나 모국어냐가 명확하게 나누어지며, 어릴 때부터 이중 언어 환경에서 자라지 않으면 원어민처럼 되는 것은 쉽지 않습니다. 그래서 아이를 영어 유치원에 보내고 그러는 것 아니겠어요? 저는 이 부분을 나쁘게 보지 않습니다. 영어를 너무 어렵게 배워서 여기까지 온 저로서는 상황만 허락한다면 어릴 때부터 자녀에게 좋은 영어 교육을 시켜주는 것이 그 아이에게 큰 짐 하나를 덜

넌 대체 몇 년째 영어 공부를 하고 있는 거니?

어주는 것이라 생각합니다. 아니, 날개를 달아 주는 것이라고 하는 편이 더 정확하겠네요.

한 가지 확실한 것은 성인이 된 우리는 영어를 '학습'할 수밖에 없고, '습득'은 현실적으로 좀 힘들다는 겁니다. 한국 학습자에게 취약한 부분이 듣기와 말하기인데, 이 둘의 공통점은 모두 '소리'로 이루어져 있다는 점입니다. 그런데 우리가 지난 시간 동안 영어 공부를 한 방식을 생각해 보면 소리보다는 글의 형태로 영어를 공부하지 않았나요?

미국 어린이도 제대로 된 문장으로 말하려면 4-5년은 영어에 노출되어야 한답니다. 엄마 아빠와의 대화, 또래 집단에서의 놀이, 유치원 그리고 학교에서 영어를 듣고 말하고……. 그렇게 따지면 우리가 소리 위주의 영어 공부를 한 총 시간은 그렇게 많지 않습니다. 따라서 '10년을 해도 제자리걸음인 내 영어'라는 말은 보상 심리가 깔린 착각인 셈입니다.

그동안 우리의 영어 공부는 '누가 얼마나 많은 단어를 알고 있는가?' 혹은 '누가 얼마나 어려운 독해를 잘 이해하는가?'에 초점이 맞춰져 있던 것이 사실입니다. 상대적으로 쉬운 영어를 등한시한 것이죠. 여기에서 첫 번째 실마리를 찾을 수 있습니다. 바로 '쉬운 영어'입니다. "그런데 쉬운 영어가 뭐죠?"라며 고개를 갸우뚱거리는 분이 있을 겁니다.

"단어 하나하나는 쉬운데 문장으로 보면 어려운 영어."

이것이 이 책에서 제시하는 쉬운 영어의 기준입니다. 영어 공부를 한다고는 하지만, 영어가 잘 늘지 않는 이유는 학습의 순서가 바뀌었기 때문입니다. 말부터 익히고 글을 읽어야 하는데 이 순서가 바뀌어 버리면 외국어 학습은 그 길로 모든 것이 꼬이게 되어있습니다. 이 책을 통해 학습의 순서를 잘 인지해서 올바른 방법으로 끈기 있게 영어 공부를 한다면 분명 좋은 결실을 거두리라 확신합니다.

혹시 'ROI(Return On Investment: 투자 수익률) 낮은 영어 공부에 애당초 발을 담그지 말아야 했던 것 아닐까?'라고 생각하는 분이 있을까요? 요즘과 같은 시대에 영어 한 마디 못한다면 그것 역시 안타까운 일이 아니겠습니까? 영어 공부에 발을 담근 건 여러모로 잘 한 결정이라고 봅니다. 다만 "나름 한다고 했는데 이 모양이네."라고 생각한다면 "무엇을 중점적으로 공부할 것인가?"와 "어떤 방식으로 공부할 것인가?" 이 두 가지 질문에 대해 생각해 봐야 합니다. 저는 단순한 주관적 판단이 아닌, 저를 비롯한 수많은 한국 영어 학습자에게서 관찰된 잘못된 영어 공부법을 거울삼아 최대한 객관적인 시각에서 방법을 제시하고자 했습니다. 이 책에서 소개한 여러 가지 포인트를 잘 흡수하고 실천까지 한다면, "이제야 영어가 조금 편해졌습니다."라는 말이 저절로 나올 것입니다.

"쌤, 그때가 안 늦었었는데……. 그때부터 영어 공부 제대로 그리고 조금만 더 꾸준히 했으면 지금쯤 영어 좀 하는 사람이 되어 있었을 텐데요. 그랬으면 그냥 흘려보내야만 했던 몇 번의 좋은 기회를 다 내 것으로 만들 수 있었을 텐데 말이죠."

직장 생활 20년 차에 접어든 어느 분의 아쉬움 가득한 이 말로 제가 어떤 마음으로 이 책을 집필하게 되었는가를 갈음하면서 영어 이야기를 이어가도록 하겠습니다.

통번역대학원의 기억

제가 통번역대학원을 처음 알게 된 건 20대 중반이었습니다. 그 당시는 영어 회화 학원을 다니면서 진로에 대해 심각하게 고민하고 있던 시기였습니다.

어느 날 학원 선생님께서 저에게 이러시더라고요.

"재우 씨, 통번역대학원에 한번 도전해 보는 게 어때요? 나는 잠깐 준비를 하다가 여러 가지 사정으로 접었어요. 쉽지는 않겠지만 재우 씨가 영어를 워낙 좋아하니 도전해 볼 만한 가치도 충분히 있고, 졸업하면 전망도 꽤 괜찮을 듯한데."

돌이켜 생각하면 제 인생의 방향을 송두리째 바꿔 놓은 한 마디였습니다.

'통번역대학원이라? CNN 방송을 동시통역하는 멋진 분들이 다니는 학교 아니던가?' 솔직히 전망은 차치하고 '내가 이런 학교에 입학할 수 있을까?' 하는 의문이 먼저 들었습니다. 하지만 곧 '그래. 지금 딱히 관심이 있는 분야도, 열정을 쏟을 분야도 없지 않은가? 그렇다면 소위 영어 분야에서는 일종의 최고봉이라고 인식되는 이 학교에 반드시 들어가보자!' 하는 결심이 섰습니다.

　결심을 하고 나서는 바로 조사에 들어갔습니다. 당시에는 영자 신문인 《코리아헤럴드The Korea Herald》에 통번역대학원 입시 준비 학원의 광고가 게재되었는데, 세 군데가 소위 메이저 학원이었습니다. 저의 촉을 믿고 당시 혜화동에 있던 입시 학원의 문을 두드렸습니다. 가자마자 바로 다음 날 수업을 등록했고, 첫 수업에 들어가 보니 80명 정도가 앉아 있었습니다. 그냥 주눅이 들었습니다. '여긴 어디? 나는 누구?' 이 생각 밖에는 안 들었습니다. 강사님이 'AP 뉴스'라는 걸 틀어 주었는데, 한 번 틀어 주고는 통역을 해 보라고 아무나 시켰습니다. 수강생 명부를 보고 무작위로 호명을 했는데 '제발, 내 이름 좀 부르지 마라.' 속으로 열 번도 더 외치면서 맨 뒷줄에 앉아서 고개를 푹 숙이고 있었습니다. 그런데 바로 제 앞에 있던 여성분이 정말 한 번만 듣고 여섯, 일곱 문장 정도를 단번에 거의 100% 정확하게 통역을 하는 거였습니다.(정확한지 아닌지는 반분위기로 쉽게 알 수 있었죠.)

　'하아, 이건 진짜……. 여기는 내가 있을 곳이 아니구나.'

　첫 번째 시간에 바로 현타가 오더군요. '그래도 두 달 정도는 일단 수업을 들으면서 시험 준비를 어떻게 해야 할지 알아보는 것으로 하자. 어차피 올해 합격을 노린 것은 아니지 않은가?'라고 스스로를 위로했습니다. 그런데 인생사 참 아이러니하지요. 당시 제 앞에 앉았던 그 여성분이 훗날 제가 통번역대학원에 입학한 후 저희 반 한영 통역 강사님으로 수업에 들어오셨더라고요. 하긴 저는 그 무지막지한 첫 수업의 아픔을 겪고 근 3년이 지난 후에야 한국 외대 통번역대학원에 진학할 수 있었으니……. 알고 보니 그 분은 의류학과를 졸업했지만 유년기와 청소년기를 영미권 국가에서 보냈더군요. 물론 그게 다는 아니지만 영미권에서 보냈던 경험이 정말 큰 것 같긴 합니다. 그렇게 완벽하게 통역을 하기가 참 어렵거든요.

다시 통번역대학원 준비 이야기로 돌아가면 그렇게 시작된 저의 통번역대학원 입시 준비 여정은 꼬박 3년이 걸렸습니다. 학원 수업은 1교시 '문장구역sight translation', 2교시 '영한통역E-K translation', 3교시 '한영번역K-E translation'으로 이루어져 있었는데 개인적으로는 역시 2교시 '영한통역E-K translation'이 가장 어려웠습니다. 정치, 경제, 사회, 전쟁, 범죄 등으로 구성된 뉴스 영어는 진짜 어려웠습니다. 무엇보다 등장하는 어휘 수준이 너무 높았습니다. 'in hindsight(지금 와서 생각해 보면)', 'catch-22(진퇴양난)', 'hand down a ruling(판결을 내리다)', 'the jury is still out(미결정의, 아직 결정된 바가 없는)', 'felony(범인)', 'at large(아직 안 잡히고 있는)', 'neck and neck(박빙의)' 등……. 우와, 정말 지금 생각해도 어려운 어휘들이군요. 실제로 쓸 일도 없고요. 미디어 쪽에 근무하거나 아주 무거운 주제로 영어 토론을 하지 않는 이상 이런 어휘를 쓰면서 소통할 일이 있을까요? 어떻게 보면 아직 말문도 트이지 않은 아이에게 이런 어휘로 수업을 하는 격이었죠. 솔직히 말씀드리면 저 역시 입시 준비를 할 때 이런 점을 인지하고는 있었지만 당시 통번역대학원 입학 시험이 거의 100% 뉴스 영어 중심이었기 때문에 우선 급한 불부터 끄려면 그에 맞는 공부를 할 수밖에 없었답니다. '후의 일은 그때 가서 생각하자.'라고 마음먹었죠.

그 당시 같은 수업을 들었던(지금도 친하게 지내는) 형님이 있는데, 그 분은 두어 달 학원을 다니고는 바로 짐을 싸서 미국으로 갔습니다. 일상 영어로 자유로운 소통이 되지 않은 상황에서 뉴스 영어만 억지로 밀어 넣어 학교에 가고 나중에 통번역사로 활동한다 한들 일류top-tier는 될 수 없다고 판단한 것이죠. 그 형님은 현지 생활을 한 후에 귀국해서 학원을 반년 정도 다니고 합격을 했습니다. 그러고는 저의 1년 후배가 되었죠. 저는 그런 선택을 할 용기는 없었고, 그냥 학원을 열심히 다니면서 입시에 맞는 공부를 하자라는 쪽이었답니다. 지금 생각하면 한 해 늦게 들어가더라도 그 형님과 같은 선택을 했어야 제 영어 인생에 더 큰 도움이 되지 않았을까 하는 가정을 해 봅니다.

제가 입시 준비를 하면서 느낀 건《이코노미스트The Economist》나《뉴욕 타임스The New York Times》등 미디어 영어에 다음과 같은 특징이 있다는 점이었습니다. '말이 현란하고 비유가 많다. 단순한 언어적 지식을 넘어 글을 읽어가는 논리력을 요한다. 일상에서 사용되는 자연스러운 표현보다는 다소 과장되고 지나치게 정제된 언어를 사용한다.' 그러니 여기에서 건진 표현을 일상에서 사용하면 우스꽝스럽게 들린다는 것이죠. 그래도 어쩌겠어요? 시험에 합격해야 했으니까요.

우선《이코노미스트The Economist》의 경우 어렵긴 했어요. 그런데 문장 하나하나가 표준 문법이고 어법에 딱 들어맞게 쓰여 있어서인지 구문은 눈에 잘 들어왔습니다. 다만 어휘의 난이도와 글쓴이의 지적知的 수준, 이 두 가지를 제가 못 따라가겠더군요. 그래서 학원 수업을 들을 때 강사님의 설명을 들어도 이해를 잘 못하겠다 싶은 구석이 굉장히 많았고, 개별 문장의 해석이 된다 해도 특정 단락에서 "화자가 무슨 말을 하는 거지?"라는 의문이 너무 자주 들었습니다. 그걸 어느 정도 이겨내고 극복하는데 근 2년 정도가 걸리더군요. 뉴스 영어에서 자주 등장하는 어휘를 익히는 것은 당연한 과정이며, 이를 넘어서 글의 논리와 화자의 의도를 파악하는 것이 그리 녹녹하지가 않았습니다. 이 부분은 수업을 통해 얻어 가는 것도 있겠지만 결국 내가 정독과 다독을 병행하면서 하루하루 깨달아 가는 부분이 실력 향상에 가장 큰 도움이 되었던 것 같습니다.

그 다음으로 뉴스 청취. 이 부분은 정말 좌절의 연속이었습니다. 우선 소리 자체가 잘 안 들렸답니다. 특히 인터뷰 부분을 한 번에 듣기란 불가능에 가까웠습니다. 앵커나 기자가 하는 말은 음성적인 측면에서 보면 상대적으로 잘 들렸지만, 전달하는 내용은 글로 보더라도 한 번에 확 다가오지 않았던 터라 듣고도 이해를 못하는 것이 많았습니다. 예를 들면 이런 거였습니다.

- Consumers are getting less bang for their buck.
  요즘 돈 쓸 게 없어요.

이 문장을 들어도 뭔 말인지 이해가 안 되어 밀리고 밀리다 보니 다음 문장도 안 들렸습니다. 그러다 보니 전체적인 내용을 놓칠 수밖에 없었고요. bang for the buck이라는 표현으로 자신이 지불한 돈에 대한 가치를 이야기하는데 만일 이 표현을 좀 더 표준적인 것을 써서 value for the money spent라고 했다면 알았을 텐데, bang for your buck이라고 해 버리니 애당초 이 표현을 접해 본 적이 없는 저로서는 이해가 안 된 것이죠.

미디어 영어의 특징이자 맹점은 관용적인 표현과 비유적인 표현이 지나치게 많이 담겨 있다는 것입니다. 그러다 보니 내가 배우고자 하는 외국어에 대한 기본적인 부분이 탄탄하지 않은 상황에서는 영어 공부로써 좋은 소재가 될 수 없을 뿐만 아니라 내 영어를 더 어색하게 만드는 원인이 될 수 있습니다. 이 점만큼은 기억하고 공부해야 합니다.

앵커가 하는 말도 안 들리고 인터뷰는 더 안 들리는 상황이 2년 넘게 지속되었습니다. 인터뷰 영어는 전문가가 나와서 하는 인터뷰와 무작위로 이루어지는 길거리에서 만난 시민이 하는 인터뷰 두 개로 나눠지는데, 전자가 오히려 쉽고 후자가 훨씬 더 어려웠습니다. 이건 제가 해외 경험이 없어서가 아닐까 하는 생각이 들었습니다. 어려운 단어는 거의 없지만 문장의 완결성이 떨어지고 앞뒤가 잘 안 맞는, 즉 논리적이지 않은 문장에 굉장히 취약했던 것이죠. 그냥 한 마디로 요약하면 '구어 영어에 대한 노출'이 너무 적었던 탓이었어요.

학원에 다닐 때 가끔씩 강사님이 뉴스를 틀어주고 저에게 "김재우씨 한번 해 보시죠?"라고 하면 예외 없이 "한 번 만 더 듣겠습니다."라고 했고, 한 번 더 들려줘도 안 들리면 "죄송합니다."라고 했습니다. 어쩌다가 통역을 하면 내용이 많이 빠졌거나 틀려서였는지 강사님이 "아, 그 정도……."라고 하고는 다른 사람을 시켰습니다. 그런데 그 사람이 너무 잘 해 버리는 날이면 그냥 수업 중간에 집에 가고 싶더라고요. 그런 순간이 너무 많았습니다.

그렇게 어렵게 준비해서 간신히 들어간 한국외국어대학교 통번역대학원. 저는 1학년 1학기를 마치고 휴학을 하게 됩니다. 첫 학기를 보낸 저의 느낌을 몇 가지만 말씀드리면 "내가 생각했던 커리큘럼과는 좀 다르다. 저를 포함해서 입학생 다수가 아직 영어가 많이 부족하다. 소위 해외파와 국내파 사이에 스피킹 실력 격차가 너무 심하다."였습니다.

저희 동기들 중 다수는 소위 스카이(SKY) 출신이었고, 그 중에서는 영어를 전공한 친구들도 꽤 있었습니다만 학벌에 상관없이 국내파의 다수는 영어라는 언어를 말보다는 글로 먼저 접했고, 그 후로도 영어를 글 위주로 학습한 시간이 절대적으로 더 많았습니다. 그러다 보니 토론이든 일상 말하기든, 스피킹 영역으로 가면 국내파가 너무 못하는 겁니다. 그래서 받은 충격이 생각보다 컸습니다.

그 다음으로 교과 과정에 영어 실력 자체를 끌어올릴 수 있는 내용이 거의 없었습니다. 언어적인 측면에서는 이미 어느 정도 준비가 다 되어 있다는 가정하에 꾸려진 커리큘럼이었습니다. 통번역대학원이라는 것이 전문 통번역사를 양성하는 공인된 기관이기 때문에 다양한 분야에서 활동할 수 있는 인재를 양성한다는 점에서는 커리큘럼 자체에 문제가 있다고 보기 힘들지만, 그렇다 하더라도 입학 과정에서 철저한 사정査定이 부족했으며 미리 입학 정원을 정해 놓고 그걸 채우는 방식이다 보니 영어 실력이 매우 출중하지 않더라도 합격되는 구조였던 것 같습니다. 뭔가 대단해 보이고, '영어의 신'쯤으로 보이는 통번역대학원생들도 그 속으로 들어가 보니 '갈 길이 멀다' 싶은 현타가 왔지요. 휴학을 한다고 뾰족한 수가 있는 것은 아니었지만 우선 마음이라도 좀 가다듬자 싶어서 휴학을 하고 일종의 아르바이트 개념으로 종로에 있는 대형 학원에서 영어 강의를 하게 되었습니다. 이것이 훗날 제가 영어 교육업에 발을 들이는 결정적인 계기가 아니었나 싶습니다.

복학할 시점이 되었을 때 학원에서는 저에게 "학교로 굳이 돌아가지 않고 지금처럼 강의를 해도 상당한 성공을 할 수 있을 것 같습니다.", "재우 쌤은 친화력이 좋고 친근한 이미지라 잘 할 것입니다."라고 설득을 했지만 '어떻게 들어간 대학원인데…… 졸업은 꼭 해야겠다.'라는 생각이 들더라고요. 그래서 과감하게 복학을 결심하게 되었답니다.

복학 시점이 다가오자 너무 긴장되고 떨리고 자신감이 바닥을 쳤습니다. '이대로는 안 되겠다.' 싶어 동기이자 같이 휴학해 복학을 앞두고 있는 동철이라는 동생과 한영통역 스터디를 시작했습니다. 학교에서는 도저히 스터디를 할 자신이 없었습니다. 누가 나의 통역을 듣기라도 한다면 '이게 무슨 망신인가' 싶어서였죠.

이문동의 제 자취방에서 둘이 밥상을 펴 놓고 마주 앉아 스터디를 하면서 1분 30초짜리 한국어 지문을 읽어 줬는데 통역에 걸린 시간은 자그마치 6분이었습니다. 둘이서 정말 뒤로 나자빠질 정도로 웃으며 말했죠. "야, 진짜 큰 일이다. 등록금도 등록금이지만 이 상태로 수업 들어가면 진짜, 하아……." 지금은 목사님이 되어 있을 동철, 보고 싶네요.

복학을 한 후부터가 저의 진짜 통번역대학원 생활의 시작입니다. 지금과는 달리 그때에는 1학년 마칠 무렵 '분반 시험'이라는 것이 있었습니다. 이시험에서 전과목을 80점 이상 맞게 되면 '국제회의/동시통역반'으로, 한 과목이라도 과락이 생기면 '순차통역/번역반'으로 진급을 했습니다. 사실 저는 별로 욕심이 없었고 최종 졸업 시험만 한 번에 되면 그만이라는 마음가짐이었지만 다수의 학생은 분반 시험에 목숨을 걸고 임했더랬죠. 그래서인지

넌 대체 몇 년째 영어 공부를 하고 있는 거니?

다들 1학년 2학기 때에는 긴장감을 가지고 수업을 듣고 스터디를 하더군요. 하지만 저는 상대적으로 느슨한 2학기를 보냈습니다. 공부를 안 했으니 분반 시험에 대한 스트레스도 없었고 그렇기에 당연히 과락을 면할 수는 없었답니다. 인생사 뿌린 만큼 거두는 것이니 여러분도 결과를 분석할 때에는 꼭 그 간의 과정을 냉철히 객관적으로 보심이 어떨까요?

마치 어제 일같이 기억나는 것이, 분반 시험을 본 날 저희 반 12명이 다 모여서는 고대 앞 어느 주막에서 새벽까지 정신을 잃을 만큼 술을 마셨습니다. 저는 속으로 그랬죠. '아니 다른 애들은 열심히 해서 그 여정에 대한 보상으로 마신다고 하지만 난 뭐지?' 그러면서 그냥 술이 좋아, 분위기가 좋아서 마신 기억이 생생합니다. 진정 코가 비뚤어지게 술을 마셨던 밤이었어요. 자격 여부를 떠나서 말이죠. 그 후 저를 비롯한 다수의 학생은 '순차통역/번역반'으로 진급을 하고 여덟 명은 '국제회의/동시통역반'으로 진급을 했답니다. 그때 저희 기수가 아마 40명 대 중후반이었던 것으로 기억을 하네요.

2학년이 되자 그동안 해 왔던 아르바이트를 모두 끊고 졸업 시험 준비 모드로 돌입했습니다. 돌이켜 보면 제 인생을 통틀어 통번역대학원 2학년 때 가장 많은 공부를 한 것 같습니다. 수업을 듣고 나서 하루에 스터디도 꼭 두 개씩 하고, 밤늦게까지 외대 도서관에 가서 혼자 보충 공부를 했습니다. 단순한 생활 패턴을 만들기 위해서 부단히 정신 무장을 했었습니다. 고등학교 때 그렇게 공부했다면 모르긴 몰라도 더 좋은 대학을 갔을 텐데 말이죠.

그런 절제된 그리고 스스로의 규율을 잘 지키는 1년을 보낸 후, 드디어 졸업 시험을 보게 되었습니다. 졸업 시험은 총 여섯 과목인데 모든 과목에서

80점을 넘기면 한 번에 졸업을 하게 되며, 한 과목이라도 떨어지면 해당 과목에 대해서 반년 후에 또 시험을 보게 됩니다.

저는 졸업만큼은 한 방에 하고 싶었습니다. 다른 이유는 없었어요. 시험이라는 걸 한 방에 붙어본 적이 없는 저로서는 통번역대학원 졸업 시험이 주는 상징성이 매우 컸고, 이것이 자존감 낮은 저에게 큰 전환점이 되리라 생각했기 때문이었죠. 그래서 한 과목에서 고득점을 얻는 건 의미가 없었고 '모든 과목을 80점만 맞자.'라는 전략이었답니다. 졸업시험 발표가 난 날, 동기들에게서 축하 문자가 왔습니다.

"오빠, 축하해. 정말 고생했어!"

우와, 저에게는 정말 통번역대학원 합격만큼이나 기뻤고 무엇보다 한 방에 해 냈다는 성취감이 정말 컸습니다. 제가 본 그 해의 졸업 시험은 특히 한영 통역이 매우 어렵게 출제되었습니다. 읽어 준 한글 텍스트에 한자 성어가 난무했고, 비유적이고 수사적인 표현이 많아서 한 번 듣고 영어다운 영어를 떠올려서 바로 통역하는 게 정말 어려웠던 기억이 납니다.

저는 한영 통역을 준비할 때 늘 이런 식으로 했습니다. 어려운 표현과 관용 표현이 나와도 이걸 굉장히 초등학생스러운 한글로 인식을 해 버리는 연습입니다. 그래야 자연스러운 영어 표현이 떠오를 수 있거든요. 좀 더 멋진 영어를 생각해 내기 보다는 어떤 영미인이 들어도 무슨 말인지 정확히 알 수 있는 '메시지 전달'에 중점을 두는 연습을 한 덕분인지 매우 어렵게 출제된 한영 통역 시험을 상대적으로 잘 치를 수 있었고, 이것이 졸업 시험을 한 번에 합격할 수 있었던 원동력이었던 것 같습니다. 아직도 동기들을 만나면 나름의 자긍심이랄까, 그런 부분이기도 합니다. 저희 기수가 남학생이 여덟 명이었는데 그중 저만 한 번에 통과했으니 저로서는 이보다 더 큰 뿌듯함을 가져다 주는 것이 또 있었을까 싶습니다.

"다시 태어난다면 통번역대학원에 진학을 하겠는가?"

이 물음에 대한 생각을 말씀드리면, 솔직히 영어를 잘하는 직장인이나 전문인이 되기 위해 노력할 것 같습니다. 시대마다 가치는 바뀝니다. 요즘은 IT가 대세지요. 교육은 물론이거니와 금융도 IT에 종속되는 현상을 보이니까요. 자동차 업계도 마찬가지입니다. 자동차의 본질은 엔진과 바퀴로 쇳덩어리를 굴러가게 하는 것일 터이지만 요즘은 그 안에 들어 있는 수많은 소프트웨어의 가치가 본질을 위협하는 시대이니까요.

저는 다시 선택할 수 있다면 확실한 전공을 가지고 틈틈이 영어를 해서 '영어 잘하는 전문인'으로 살아가고 싶습니다. 그것이 무역을 하는 사람이건, 금융에 종사하는 사람이건, 법조인이건, 기업에서 각자의 역할을 하는 대기업 직원이건 말이죠.

물론 확실한 전문 분야를 가지면서 영어도 잘하기는 쉽지 않습니다. 특히나 직장 생활에 접어들어 본격적인 업무를 맡게 되면 시간적으로나 정신적으로 여유가 너무 없기 때문에 영어를 꾸준히 해서 잘하는 경지까지 가는 건 정말 많은 희생을 요구한답니다. 이 부분은 제가 그동안 가르쳤던 그리고 지금 이 순간에도 함께 공부하는 많은 직장인을 통해 매일 같이 느끼는 부분입니다. 그리고 그들은 저에게 수시로 이런 말을 한답니다.

"쌤, 학생들에게 이야기해 주세요. 지금 당장은 영어 시험 점수가 필요하니 거기에 집중하는 건 이해하지만, 그것이야말로 정말 근시안적인short-sighted 행동이라는 것을요."

"학생 시절에 '진짜 소통'을 위한 영어를 거의 80%까지는 완성해 두어야 훗날 자신의 커리어에서 결정적인 기회가 왔을 때 잡을 수 있다는 걸 꼭 이야기해 주세요."

이 책을 읽는 20대 친구들이 있다면, 이 말의 조언과 진심을 꼭 간직하시길 바랍니다. ✻

넌 대체 몇 년째 영어 공부를 하고 있는 거니?

단어 실력만 '샤론 최'인 당신

봉준호 감독이 영화 〈기생충〉으로 아카데미 작품상을 탔을 때 옆에서 통역하던 분을 혹시 기억하시나요? TV 프로그램 〈유퀴즈 온 더 블록〉에도 출연해서 자신만의 영어 공부 비법을 이야기해 주시던 분. 바로 '샤론 최'입니다. 이 분의 영어 실력은 가히 탁월하다 할 수 있습니다. 거의 원어민에 가까운 자연스러운 영어를 구사하더군요. 그런데 이 책을 읽고 있는 여러분 중 혹시 "단어 실력만큼은 나도 '샤론 최' 못지않아!"라고 생각하는 분이 있지 않으신지요.

많은 영어 학습자가 단어는 웬만큼 아는데도 영어 스피킹이 잘 안된다고 호소하는 것을 보았습니다. 그때마다 저는 학생들에게 "단어만 많이 안다고 영어 스피킹을 잘할 수 있는 것이 아니에요."라고 말하고 있답니다.

수능 준비나 유학 준비를 위해, 또 취업용 영어 시험을 위해 묻지도 따지지도 않고 맥락과 스토리 없이 단어를 참 많이도 외웠던 것 같습니다. 우리는 학창 시절 독해가 많은 비중을 차지하는 영어 학습을 했습니다. 역사, 정치, 경제, 문화, 자연 과학 등 어려운 단어가 사용될 수밖에 없는 무거운 주제, 원어민도 어려워하는 그런 독해 지문을 많이 접했습니다. 그러고 보니 원어민에게 한국 수능 영어를 풀어보라고 했더니 혀를 내둘렀다는 뉴스를 접했던 적도 있었네요. 그나마 요즘 아이들은 어릴 때부터 일상 속에서 사용되는 자연스러운 영어를 익힐 수 있는 환경에 노출되는 경우가 많습니다. 하지만 저의 학창 시절에는 교과서, 중간 고사, 기말 고사, 대입 시험 모두 독해 위주였고 왼쪽에는 영어 단어, 오른쪽에는 한글 뜻 이런 식으로 마구잡이로 단어를 외워야 했죠. 전체적인 맥락 속에서 단어의 뉘앙스와 느낌을 이해하면서 암기하는 것이 아닌 시각적인 뜻만 주야장천 머릿속에 집어넣었습니다. 그리고 그걸로 쪽지 시험을 보고, 틀린 개수대로 손바닥을 맞고요……. 하아, 언어를 이런 식으로 배웠다니 지금 생각하면 정말 아찔하네요.

"단어 많이 알아서 나쁠 것 있나?", "풍부한 어휘력은 곧 유창한 영어 구사력 아닌가?"라고 반문하는 분들에게 솔직한 저의 생각을 말씀드리면, "내 머릿속에 들어 있는 그 수많은 영단어가 내 영어를 다 망친다."입니다.

원어민과 대화하다 보면 생각보다 어려운 단어를 많이 쓰지 않는데 한국 학습자들은 어려운 단어를 쓰면서도 말이 자주 막힌다는 점을 느껴 보셨을 겁니다. '풍부한 어휘력 = 유창한 영어 구사력'이라는 등식은 성립하지 않는다고 생각합니다. 만일 이 말이 맞는다면《Voca 33,000》을 다 외운 분은 준원어민급의 영어 스피킹을 하고 있어야 맞지 않겠어요?

'영어를 잘하려면 단어를 많이 알아야 한다.'라는 인식은 독해 중심의 영어 학습이 가장 큰 원인입니다. 아카데믹한 독해 지문에 등장하는 어휘는 사실 원어민에게도 어렵습니다. 어려운 독해 지문을 해석하기 위해서는 어려운 단어를 암기하는 것이 다소 불가피합니다. 하지만 기본적인 의사소통 능력을 건너 뛴 채 억지로 외워서 답을 맞히는 식으로 공부하거나 문맥과 스토리 기반이 아닌, 단순 암기로 채운 어휘 실력은 상황에 맞지 않는 어휘 선택으로 이어지며 이로 인해 문장 자체가 어색하게 들리는 결과를 낳게 되는 것이죠. 토플(TOEFL)이나 아이엘츠(IELTS)로 대변되는 유학 준비용 시험의 폐해가 바로 여기에 있습니다.

"쌤, 제가 8월에 미국 로스쿨에 가게 되었어요. 가서 어떻게든 수업은 들을 수 있을 것 같은데 현지인과 수월하게 소통할 수 있을지 막막합니다."

이와 같은 고민을 종종 듣습니다. 소통을 위한 영어가 어느 정도 편해진 다음에 토플(TOEFL)이나 아이엘츠(IELTS) 준비를 해야 함에도 당장 급한 불부터 꺼야 하니 어쩔 수 없이 점수 따기용 공부를 하게 됩니다. 이때 가장 손쉽게 빨리 느는 분야가 단어 암기일 겁니다. 단어를 알아야 독해나 청취도 어느 정도 할 수 있다는 생각에 맥락 없는 어휘 암기를 하게 되는 것이죠. 사실 이 부분에 대해서는 누구를 탓할 수가 없습니다. 학생도, 학원도, 학원 선생님도, 시험 주관사도 말이죠. 학생들은 점수가 있어야 뭘 할 수가 있고, 그런 수요가 있으니 학원들도 그런 커리큘럼을 짜는 것이겠죠. 주관사 입장에서는 정량화가 가능한 테스트를 통해야만 학생들의 실력을 평가할 수 있을 테고요. 그런데 이런 정신없는 환경 속에서 정작 우리의 자연스러운 영어 소통 능력을 제대로 평가할 수 있는 시험은 눈에 보이지 않는다는 점이 아쉽습니다.

'단어는 쉽게, 문장은 원어민스럽게'가 제가 늘 강조하는 영어 스피킹의 모토입니다. 어렵고 수준 높은 어휘를 쓸 일이 많지도 않을뿐더러, 그런 단어와 숙어를 문장 속에 자연스럽게 녹여 내려면 나의 전반적인 영어 수준이 올라가야 하는 법이죠. 문장은 브로큰 잉글리시인데, 단어만 튀는 영어 문장을 끊임없이 내뱉기 때문에 많은 원어민이 한국인이 구사하는 영어가 대학 강연이나 테드(TED) 스피치 같다고들 하는 겁니다. 늘 강조하지만 상황과 자리에 맞는 영어를 구사할 줄 아는 것이 핵심입니다. 친구와의 일상 대화에서는 가벼운 말투로, 회사에서의 프리젠테이션이나 고급 비즈니스 이메일, 계약서 작성 등의 상황에서는 고급스러운 어휘를 구사할 줄 알면 됩니다.

단어만 주야장천 외우면 일상 대화도 대학 강의처럼 표현하게 되는 것이고, 그것이 바로 '어색하게 들리는' 영어를 만들게 됩니다. 기초 단계에서는 그래도 단어라도 외우자 싶지만 나중에 내 영어의 발목을 잡는 것은 '굳이 몰라도 될 단어를 아는 것', 바로 이 점이거든요. ❈

원어민다운 스피킹,
진짜 가능은 할까?

"내 영어가 정체기에 접어들었다."

"지난 몇 년 동안 영어 공부를 계속하고 있음에도 실력은 그대로이다."

"내가 쓸 수 있는 어휘의 확장이 안 된다. 내 머릿속에 들어 있는 어휘의 개수는 늘고 있는데, 입에서 나오는 개수는 그대로이다."

"문형 자체가 아직 원어민의 그것과는 많이 다르다."

이건 대체 누구의 이야기일까요? 여러 영어 학습자의 이야기일까요? 아니요. 이건 바로 저의 이야기입니다. 한창 영어 공부에 열을 올림에도 더 이상 늘지 않는 실력으로 인한 좌절감으로 점철된 몇 년간 제가 겪었던 리얼 스토리입니다. 여러분은 어떠신지요? 제가 꽤 긴 시간 경험했던 이런 상태를 전문용어로 '중급 단계에서의 정체기intermediate plateau'라고 표현합니다.

외국어 학습의 기초 단계에서는 향상과 발전 곡선이 매우 가파르게 상승하는 것을 볼 수 있습니다. 그도 그럴 것이 기본적인 문장만 만들 줄 알아도 늘고 있다는 심리적 만족감이 크기 때문입니다. "I'm feeling sick today. (오늘 몸이 아파.)", "How did it go?(어떻게 됐어?)", "I have plans tonight. (오늘 저녁에 약속 있어.)"과 같이 문장이 길지 않고 직관적인 어휘로 구성된 기초 레벨에서의 영어 학습은 '공부한 만큼 느는구나.' 하는 심리적 만족감과 '열심히만 하면 더 잘할 수 있겠구나.' 하는 기대감, 이 두 가지 모두가 충족되면서 자신감이 붙습니다. 내일 당장 샌디에이고에 있는 미국인 친구 집에 가서도 일상생활 정도는 가능하지 않을까 하는 기대감이 부풀어 오릅니다. 그런데 이 단계를 넘어서 B1(중급 초입 단계)에 진입하면서부터 갑자기 영어가 부담스러워지기 시작합니다.

중급 단계에서 가장 골치 아픈 문제는 '표현의 조합을 통한 원어민식 문장 구성'과 '뉘앙스를 정확히 살릴 수 있는 어휘 선택', 이 두 가지로 요약됩니다. 제안할 때 사용하는 how about 또는 why don't we는 조금 직설적인 표현 방식입니다. 따라서 이보다 조심스러운 제안을 하거나 상대의 의중을 떠보고자 한다면 I thought maybe we could do something 구문을 쓰는 것이 내가 말하고자 하는 의도를 살릴 수 있습니다. 하지만 how about과 비교해 직관성이 떨어지는 이 구문을 우선 정확히 이해하기가 어려우며, 능수능란하게 사용하기는 더 어렵습니다. '아프다'는 표현을 sick으로만 표현해도 뿌듯함을 느끼는 기초 단계와는 달리 중급 단계에서는 "I don't feel quite right today. (몸이 좀 안 좋아.)"라는 좀 더 섬세한 표현법이 필요합니다. 문제는 이와 같은 한국어 표현에 대응되는 영어 표현은 '단어 중심'이 아니라는 것이죠. 개별 단어에 명확한 뜻이 있다기보다 'do not ~ quite right'라고 해서 not이라는 부정어와 quite

라는 부사 그리고 형용사 right가 조합되면서 하나의 뉘앙스를 가지기 때문에 시각적으로도 흐릿합니다. 그래서 한마디로 직관성이 떨어집니다. 이러한 부분에 대한 정확한 인풋이 선행된 후 충분한 연습이 뒷받침될 때만 '내 영어가 늘었다.'라는 기분이 들 텐데 이 점이 우리가 넘기 힘든 산입니다.

무엇을 '입는다, 착용한다'라고 하면 그냥 wear something으로만 알고 있었는데, '입는다'는 행위는 put on, '입고 있는 상태'는 have on이라고 해서 "그 여성분이 마스크를 안 끼고 있었어요."라고 하면 "She didn't have a mask on."이라고 해야 한다니……. 점점 복잡하게 느껴지기 시작합니다. 무엇보다 중급 초입 단계에 있는 학습자를 가장 괴롭히는 점은 머리로 익힌 표현이 실제 상황에서 내 입으로 나오지 않는다는 점, 즉 '아는 영어'와 '구사할 수 있는 영어'의 격차가 크게 다가오는 지점입니다.

많은 분이 feel이라는 동사의 주어를 사람으로 잡는 것을 볼 수 있습니다. "I feel tired.", "I feel bored."와 같이 말이죠. 그런데 나의 기분이나 심리 상태가 아닌 사물 또는 상황의 느낌을 표현할 때는 사물이 주어가 됩니다. "테슬라 모델 쓰리를 타 봤는데, 엄청 편하더라고." 할 때의 "엄청 편하더라고"는 "It felt really comfortable."이라고 표현합니다. 이 문장에서의 '편하다'는 나의 주관적인 느낌이 아닌 '자동차의 승차감 등이 좋다.'라는 말입니다. 머리로는 이해하더라도 I felt가 입에 붙어 버린 학습자에게 It felt는 왠지 낯설게 느껴집니다. 그래서인지 내 입에 붙는데 한참 걸립니다.

위의 사례와 같이 B1 단계에서는 거의 대부분 '다채로운 표현 방식'과 '외웠는데 입에서 안 나온다', 이 두 가지가 영어를 어렵다고 느끼게 만듭니다.

이 지점을 겨우 넘어서 드디어 B2(중상급) 단계에 진입합니다. 영어라는 외국어 학습에 있어서 가장 힘든 구간이 B2 구간입니다. 단순한 의사 소통을 넘어 자연스러운 영어로 표현하는 것이 목표인 단계이지요. 정말이지 영어에 완전히 발을 담글 각오를 해야 합니다.

B2 단계에서 기대되는 학습 목표를 간략하게 정리하면 다음과 같습니다.

❶ 기능적 요소로서의 문법에 맞는 영어를 넘어 표현 자체의 자연스러움, 나아가 문장 자체의 자연스러움이 학습 목표이다.

❷ 자리와 상황에 맞는 문체를 왔다 갔다 할 수 있어야 한다.

❸ 보다 섬세하게 표현하기 위해 내가 구사할 수 있는 어휘의 가지 수가 늘어야 한다.

"기술이 아직 거기까지는 발전하지 못했어."라고 한다면 문어체의 글쓰기에서는 "The technology isn't sufficiently advanced."라고 표현할 수 있어야 하며, 같은 내용을 친구와의 대화에서는 "We are not there yet."이라는 구어체로 표현할 수 있어야 합니다. 즉, 자리, 상황, 대화의 상대에 따라 그에 맞는 말투로 의사소통을 하는 것이 목표인 셈이죠. 만일 이 단계마저 넘게 되면 이젠 그야말로 원어민의 영역으로 진입하게 됩니다.

C1(고급 단계) 또는 C2(원어민 수준) 레벨은 영어로 밥을 먹고 사는 사람들에게 해당하는 단계입니다. 영어 선생님이라든지, 전문 통번역사들이 추구하는 단계이겠죠. 각고의 노력 또는 타고난 언어적 감각, 그것도 아니면 제법 긴 기간 동안의 해외 체류 경험 이 세가지 조건 중 하나가 충족되지 않는다면

현실적으로 기대하기 힘든 단계입니다.

독자 분 중 C 레벨에 욕심이 있는 분이라면 '올바른 방법', '각고의 노력', '원어민과의 잦은 소통 기회', 이 세 가지 모두를 제대로 해내야 합니다. 어쩌다 내뱉는 브로큰 잉글리시는 괜찮습니다만, 전체적으로 표현, 문형, 문장, 구어체와 문어체의 균형, 이런 여러 조건이 충족되어야 하는 단계입니다.

C 레벨은 미드를 볼 때 속어라든가 지나치게 구어적인 표현, 말의 유희를 즐기는 말장난 등을 제외하면 거의 한 번에 듣고 이해할 수 있는 단계이며 미국식 발음과 영국식, 호주식 발음에 대한 이해도의 편차가 크지 않은 수준입니다. 영어가 제법 편한 단계이며, 내 영어를 듣는 원어민도 내가 구사하는 영어 자체에 대해서는 의식이 되지 않는 수준입니다. 한마디로 '영어 엄청 잘하는 사람'이 되는 것이겠죠.

영어, 분명 하면 늡니다. 하지만 일정 지점에서 제법 긴 시간 동안 정체되어 있음을 느끼는 구간이 지속됩니다. 학습량과 아웃풋output의 향상 속도가 비례하지 않습니다. 그때부터는 심리적인 요소가 더 중요해집니다. 바로 '인내'와 '끈기'인데, 매우 상투적인 말 같지만 어쩔 수 없습니다.

또 하나 중요한 점이 있습니다. 각 구간마다 어떤 증상이 나타나는 지를 미리 알고 공부하면 지치고 힘들고 포기하고 싶을 때 "아 맞다. 이 구간을 통과하고 있으니 영어가 어렵게 느껴지는구나."를 다시 한번 상기할 수 있기 때문에 중도 포기를 하게 될 확률이 줄어듭니다.

제가 이런 말을 꽤나 솔직하게 그리고 자신 있게 할 수 있는 이유는 바로 '저의 이야기'이기 때문입니다. "과연 한다고 늘까? 괜한 짓 하는 건 아닐까?"

했던 불안감을 넘어 "원어민 수준까지는 아니더라도 제법 자연스러운 영어로 소통이 되고 있네!", "영어를 듣고 말하는 것이 정말 많이 편해졌네!"라는 성취감을 맛보게 되었으니까요. ❋

2장

대체 어디서부터
꼬인 걸까?

단언컨대 처음부터 꼬였다

"We got off on the wrong foot."이라는 영어 표현이 있습니다. 오른발이 먼저 바닥에서 떨어져야 하는데 왼발이 먼저 떨어지게 될 경우를 나타내는 말로 '시작부터 꼬이다, 첫 단추를 잘못 꿰다'를 의미하는 관용 표현입니다. 저는 우리의 영어 학습 순서를 이와 같은 표현에 비유하려고 합니다. 사람의 신체적·육체적 활동인 운동의 경우 그것이 헬스이건, 요가이건 쉬운 동작부터 익히지 않으면 다음 단계로 넘어가는 것 자체가 아예 불가능할 겁니다. 몸은 거짓말을 안 하기 때문이죠.

반면 지적 활동의 영역이라 할 수 있는 외국어 학습은 일종의 눈가림과 속임수가 어느 정도 통하는 분야인가 봅니다. 학습자의 연령, 수준 등에 대한 고려가 부족한 공교육의 커리큘럼을 비롯해 나의 현재 레벨과 상관없이 정해진 기간 안에 점수를 올려야만 하는 각종 외국어 능력 평가 시험. 이로 인해 처음부터 꼬여 버린 우리의 영어 학습. 모국어는 말부터 배우면서 외국어인 영어는 사실상 글부터 배우게 된 우리네 영어 등……. 처음부터 꼬인 것이 분명합니다.

어린아이가 언어를 배우는 과정은 '습득input'과 '상호 작용interaction'을 통해서라고 합니다. 쉽게 이야기해서 늘 곁에 있는 엄마, 놀이터에서 또래 집단이 쓰는 말 그리고 TV 만화에서 등장인물이 쓰는 단어나 문장을 입력하게 되는 것이죠. 그런 다음 상호 간의 소통 환경이 만들어진 상황(엄마와의 대화, 친구와의 대화 등)에서 무의식적으로 따라서 하고 쓰게 됩니다.

'누군가가 자신에게 직접 하는 말' 또는 '주변에서 들리는 말', 이 두 가지 상황에서 듣고, 습득하고, 발화하는 과정을 거치게 되는 것입니다. 이 부분을 전문 용어로 '자연적 습득implicit learning' 또는 '체화'라고 합니다. 의식적이고 인위적인 학습이 아닌 상황 속에서 해당 언어에 반복 노출됨으로써 소리, 어휘, 문법, 문형 등이 체화되는 프로세스인 셈입니다. 실제로 미국 어린이의 경우 I fell down이 문법적으로 맞음에도 I falled down이라고 하는 경우를 볼 수 있는데 이걸 누가 수정해 주지 않아도 조금 시간이 지나면 자연적으로 I fell down이라고 맞게 표현하게 됩니다. falled down은 틀리고 fell down이 맞다는 것을 자연스레 인지하면서 부터입니다.

이에 반해 학습 목표를 정한 후 커리큘럼에 따라 교육 서비스 제공자가 논리적인 설명을 통해 학습자를 이해시키는 접근을 '인위적(주입식) 암기explicit learning' 또는 '분석과 논리에 기반한 이해'라고 합니다.

다음과 같은 방법이 '인위적(주입식) 암기'의 대표적인 사례입니다.

- 동사의 3단 변화는 다음과 같다: fall - fell - fallen

- 주어가 3인칭 단수일 경우 동사에 s를 붙인다.

- stuff는 셀 수 없는 명사임으로 a lot of stuffs는 틀린 표현이다.

- huge는 크기나 양 정도가 '막대한, 거대한'을 뜻한다.

- grab은 '놓여 있던 것을 집다'인 반면 hold는 '들고 있는 것'을 말한다.

- 시간을 나타내는 부사절에서는 현재가 미래를 대신한다.

문제는 언어 습득에 있어서만큼은 자연적 습득이 절대적으로 중요하다는 점입니다. 그런데 우리는 그동안 영어라는 외국어를 학습하면서 제대로 된 자연적 습득 환경에 노출된 적이 별로 없지요.(요즘 어린이들은 영어 유치원을 비롯해 자연적 습득 기회가 많아서 다행입니다.) 바로 여기서부터가 문제의 시작입니다.

모국어의 경우 우리나 그들이나 모두 학습이 아닌 습득 과정을 거칩니다. 또래 집단과 정글짐에서 놀면서 "Can you go all the way across?(저 끝까지 갈 수 있어?)"라는 문장을 습득하죠. can은 '능력', all the way는 '쭉', across는 '가로질러 건너편'…… 이런 식의 논리적·인지적 학습으로 배운 언어가 아닙니다.

통상 어린아이가 단어와 표현을 익히고 전치사를 습득하는 과정은 소리로 이루어지며 그 소리는 일방향이 아닌 쌍방향, 즉 대화 상대가 있는 환경입니다. 시간과 노력 대비 우리의 영어 공부에 뚜렷한 성과가 나타나지 않는 것은 냉정히 말하면 언어를 자연스럽게 습득할 '결정적인 시기'를 놓친 뒤에 외국어를 학습했기 때문입니다. 설령 그런 시기를 놓쳤다 하더라도 쌍방향 학습의 환경이 조성된다면 어느 정도까지는 극복할 수 있으며 원어민스러운 영어까지는 아니지만 적어도 지금보다는 훨씬 수월하고 편하게 영어를 내뱉을 수 있습니다. 논리적 이해에 기반한 어학 학습은 우리가 영어로 말할 때 머리에서 문장을 만든 다음 내뱉고, 다음 문장을 또 만들어서 내뱉고 하는 결과를 낳기 때문에 영어 말하기가 편해질 수 없습니다.

우리나라 공교육에서의 영어 커리큘럼은 영어로 된 이야기를 듣거나 읽으면서 스토리를 따라가며 자연스럽게 표현을 익히고, 해당 표현의 느낌을 체화하는 교과 과정이 아니라 설명문 위주의 어려운 독해로 직진하도록 설계되어있습니다. 설령 초등 3학년에서 6학년까지는 기본적인 대화문을 어느 정도 다룬다 해도 중학교에 진학하면서부터는 상황이 달라집니다.

시기를 놓쳐도 되는 분야가 있고, 한 번 시기를 놓치면 만회하기가 쉽지 않은 영역이 있습니다. 논리적 이해의 영역인 정보 습득형 독해는 성인이 된 후에 학습해도 준원어민 수준까지 도달할 수 있습니다. 이러한 독해의 경우 언어 자체에 대한 숙달 정도가 부족하다 해도 이해력으로 만회할 수 있기 때문이죠.

주변에 보면 영어 말하기는 안 되는데 《이코노미스트 The Economist》에 실린 대학원생 수준의 영어 기사를 무리 없이 이해하고 난해한 영문 계약서를 쉽게 읽을 수 있는 분이 꽤 있습니다. 방금 말씀드린 부분을 생각한다면 이해되는 대목이지요. 문법과 어법도 마찬가지입니다. 어쩌면 어린이나 청소년보다 성인의 학습 능력이 더 뛰어난 영역일 수도 있습니다.

청취는 어떨까요? "리딩의 경우 생소하거나 대충 알고 있는 어휘가 나와

넌 대체 몇 년째 영어 공부를 하고 있는 거니?

도 넘겨짚을 시간적 여유가 있기 때문에 유추가 가능한 반면 청취의 경우 화자가 내뱉은 거의 모든 어휘를 알아야만 듣고 이해가 가능하다.”라는 말이 있습니다. ‘들린다’는 것이 비단 소리 만의 문제는 아니기 때문이죠.

뉴스는 들리는데 드라마가 안 들린다? 영어 학습자의 3분의 2 정도가 “미국 드라마를 보면 거의 잘 안 들리고 무슨 말인지 몰라서 재미가 안 붙는다.”라는 말을 합니다. 미드나 영드가 너무 안 들리는 분은 원어민 어린이가 읽는 동화나 미국 중고생이 읽는 수준의 소설 류의 글이 안 읽힐 가능성이 큽니다. 쉽게 말해 구어 영어에 대한 노출 시간이 너무 부족했기 때문입니다.

청취는 크게 소리의 영역과 이해의 영역으로 나뉩니다. 영어 뉴스나, 테드(TED) 스피치, 연설문, 공식 석상에서 사용되는 영어가 안 들리는 분들은 이해의 영역에 문제가 있습니다. 해당 문장을 눈으로 봐도 한 번에 잘 와닿지 않을 가능성이 높은 것이죠. 이런 분에게 희소식이 있다면 ‘늦지 않았다’는 점입니다. 앞서 말씀드린 것처럼 논리적 이해를 요하는 독해의 경우 ‘결정적 시기’란 없기 때문이죠. 이에 반해 미드나 실제 원어민과의 대화가 잘 안 들리는 경우는 소리와 구어체 표현에 대한 노출 정도의 문제가 원인입니다.

우리 대부분은 영어 단어를 학습할 때 단어의 실제 발음이 아닌 가공된 발음(스튜디오에서 녹음된 사운드와 같은)을 먼저 접했습니다. 하지만 실제 상황에서 표준적인 발음을 구사하는 원어민은 찾기 힘듭니다. 말의 속도가 빨라지면서 자신도 모르게 마구 뭉개서 발음합니다. 가뜩이나 구어체 표현법도 익숙하지 않은데 발음과 억양마저 적응이 안 되니 잘 안 들리는 게 당연합니다.

공교육의 영역뿐만 아니라 영어 학원과 같은 사교육 환경에서도 표준적인 표현과 문장 위주로 학습하기 때문에(시험 영어를 염두에 둔 커리큘럼이 주를 이루기 때문) 그들이 일상에서 매일같이 사용하는 구어(일상 대화체colloquial) 표현에 익숙하지 않습니다.

비즈니스 상황에서도 마찬가지인데요. Samantha가 PowerPoint 자료를 보면서 발표하는 영어는 잘 들리다가도 막상 줌Zoom 회의 때 자유롭게 내뱉는 일종의 잡담 수준의 영어small talk가 들리지 않습니다. 소리와 구어체 표현, 이 두 가지 모두가 약하기 때문이죠.

모국어를 배우듯 외국어 역시 상대적으로 '쉬운 영어(구어체 영어)'를 먼저 습득한 후에 쉬운 영어가 입에서 편안하게 나올 때쯤 '어려운 영어(문어체 영어)'를 학습하는 것이 제대로 된 순서입니다.

"단언컨대 처음부터 꼬였다."

제가 이렇게 말씀드리는 이유는 우리 대부분이 순서가 뒤바뀐 어학 학습을 했기 때문입니다. 제가 위에서 말씀드린 바로 이런 부분 때문에 청취가 생각만큼 잘 안되고, 영어로 말하는 것이 여전히 불편하며, 내가 말하는 문장이 한국식 영어 말하기에 머물게 되는 것입니다. 그렇다고 상심하고 속상해할 필요는 없습니다. 학습의 결정적 시기를 놓친 많은 독자들에게 저의 경험('이렇게 공부했더니 영어가 늘었다.')과 성인이 된 후에야 소통을 위한 영어 공부를 시작한 수많은 학습자를 지도하면서 제가 보고 느낀 점을 가감없이 말씀드리려고 합니다. 이제부터라도 이렇게 하면 "대체 언제까지 영어 공부할 거니?"가 아닌 "이제서야 영어가 한결 편해졌어요."라는 말이 나올 수 있도록 말입니다. ✳

4050 세대 그들이 최대 피해자

70년 대 초반 생인 영일 씨는 '학력고사' 거의 마지막 세대이다. 강원도에서 태어나 고등학교 때까지 시골에서 교육을 받았고, 이른바 '공부 잘하는 학생'이었다. 좋은 학원이나 비싼 과외 한 번 받지 않고도 서울 소재 명문대에 입학했다. 고등학교 때 그 당시 필독서였던 《맨투맨 기본》과 《성문종합영어》, 《리더스 뱅크》를 세 번씩이나 탐독했다. 그래서인지 그의 문법, 어휘, 독해 실력은 탄탄했다. 어디 그뿐만인가? 대학 시절에는 《아카데미 토플》, 《영어 순해》 등을 여러 번 탐독하며 영어 내공을 쌓았다. 한때 유학을 준비하느라 강남에 있는 〈P 어학원〉을 다녔는데 그때 외웠던 그 수많은 단어를 아직도 기억하고 있는 탁월한 기억력의 소유자이기도 하다. 방학 때는 고급 영어를 익히려고 혜화동에 있는 통번역대학원 입시 학원에도 다녔다. 경영학을 전공했고 영어를 잘해야 사회에서 경쟁력을 가질 수 있을 거라 믿으며 '영어 좀 하는 사람'이 되겠다는 그의 의지는 확고했다.

영어에 많은 시간과 돈을 투자를 했기 때문일까? 지금 영일 씨는 자신의 영어 실력, 정확히 말해 '스피킹 실력'을 생각하면 분이 안 풀린다. 20대 때부터 틈날 때 마다 영어 공부를 했고 《보카 22000》, 《MD 33000》, 《거로보카》, 《영어 순해》, 《리더스 뱅크》, 《메들리 삼위일체》 등 당시 '영어 좀 하는 학생'이라면 가방에 필수로 넣고 다녔던 영어 책을 거의 다 보았다. 이런 투자가 그를 명문대로 이끌었으니 원망할 일이 뭐가 있을까 싶지만 40대 후반에 이르러 업무상 영어 스피킹을 유창하게 해야 하는 그에게 그동안 봤던 수많은 영어책, 그렇게 외운 수많은 영어 단어, 기계처럼 공부했던 영문법 따위는 차라리 애초부터 몰랐으면 나을 뻔했던 존재들로 느껴진다.

영일 씨는 4050 세대들이 경험해야만 했던 '고비용 저효율(인풋은 많은데 아웃풋이 없는)' 영어 학습의 끝을 보여줍니다. 그 시절 영어 교육은 철저하게 문법과 단어 암기 그리고 독해 일색이었습니다. 대학시절 《타임TIME》지 한 권을 끼고 다녀야 뭔가 있어 보였고, 쉬운 회화보다는 'AFKN 청취반' 수업 정도는 들어줘야 영어 공부 좀 한다고 생각한 세대들입니다. 당시 분위기가 그랬으니 이들을 나무랄 수는 없습니다.

그때만 해도 영일 씨는 40대 후반이 된 지금까지 자신이 영어에 끌려다닐 거라고 생각해 본 적이 없습니다. '30대 초반 정도가 되면 준원어민이 될 수도 있지 않을까'라고 상상하며 영어 공부를 했습니다. 하지만 영일 씨에게 지금 현실은 '정말 맙소사!'입니다. 쉬운 일상 영어 스피킹이 잘 안되어 질질 끌

넌 대체 몇 년째 영어 공부를 하고 있는 거니?

려다니고 있으니 말입니다.

'타임 동아리', 'AFKN 청취반'에서는 마치 초등학생에게 동아일보 사설 공부를 시키는 행위를 한 셈입니다. 영일 씨는 이런 과도기적인 영어 교육 환경(우리나라 영어 교육의 역사를 볼 때 지금의 4050 세대들이 가장 준비되지 않은 어학 교육을 받음)의 피해를 온몸으로 받았던 사람입니다.

한때는 팝송으로 영어를 공부하는 열풍이 불었던 적도 있습니다. '○○○ 팝스'라는 라디오 프로그램이 장수 프로그램이 될 만큼 인기를 끌었죠. 그런데 외국인이 우리나라 가요를 한국어 학습의 주요 교재로 삼는다면 그것이 과연 우리말을 체계적으로 배울 수 있는 수단이 될까요? 노래 가사의 경우 때로는 시적이고, 때로는 과감한 생략이 이루어질 뿐만 아니라, 등장하는 표현도 남녀 간의 사랑 일색이죠. 모르긴 몰라도 우리에게 우리 가요를 틀어 줘도 한 번에 못 알아듣는 가사가 상당할 텐데 말입니다. 다시 말해, 원어민이 일상에서 보편적으로 사용하는 표현이나 문장과는 동떨어져 있는 부분이 많았다는 것이지요. 이렇듯 학습자와 서비스 공급자 모두가 중심이 서있지 않는 상황에서 그때그때의 트렌드에 맞는 그리고 특정인의 인지도에 기댄 영어 학습이 유행이었던 시절이었습니다. 누구를 탓하랴 싶으면서도 좀 더 올바르고 체계적인 영어 교육 시스템이 마련되었더라면 지금 우리가 영어가 안 돼서 이런 고생을 하는 수고는 조금이나마 줄었을 텐데 하는 생각이 듭니다.

요즘은 유튜브 등 현지 영어 표현을 접할 수 있는 기회도 많고 각종 OTT 서비스를 통해 미드나 영드를 마음껏 볼 수 있는 환경이지만 지금의 4050 세대는 원어민식 영어에 대한 접근 자체가 제한적이었지요. 혹자는 이렇게 말할 수 있을 겁니다.

"지금이라도 미드 보면 되지 않나?"

그런데 이게 참…… 말로 설명하기는 어렵지만, 이들에게 영어로 된 드라마를 보는 것은 무엇보다 습관을 들이기가 어렵습니다. 드라마 속의 이야기를 즐긴다기 보다 어떻게든 표현 하나라도 건져 볼 심산으로 좋은 표현이 들리면 적기 바쁩니다. 다시 말해 드라마를 보는 것이 아니라 영어 '공부' 만을 위한 행위를 하게 되고, 그러다 보니 미드나 영드가 재미있어서 본다는 말이 나올 수가 없지요. 물론 핑계일 수는 있지만 제 주변의 4050 세대들의 상당수가 이 두 가지 이유로 미드와 같은 '이야기 중심 영어 학습'을 멀리 한 채 '학습 교재'의 형태를 띤 자료로 영어 공부를 하는 것을 볼 수 있습니다. 가뜩이나 구어체 영어에 약해서 말도 문어체로 하는 마당에, 이런 식으로 구어체와 담을 쌓게 되면 악순환의 고리를 끊기 힘들 텐데 말이죠.

친한 형님이자 대기업 임원으로 재직 중인 한 지인에게 제가 가끔 다음과 같은 카톡을 보냅니다.

"형, 미국 드라마도 좀 보고 영어 동화도 좀 읽으세요. 맨날 영문 보고서만 보니까 회식 자리에서 Jeff가 하는 농담도 못 알아듣고, 스몰 토크가 안 되잖아요."

그러면 이렇게 답이 옵니다.

"미드 좀 추천해 줘 봐. 내일부터 한번 해 볼게. 이번엔 진짜야!"

그리고는 감감 무소식입니다. 석 달 후쯤 "형, 제가 알려 드린 미국 드라마 좀 보고 있죠?"라고 카톡을 보내면 읽고 한동안 답이 없습니다. (소위 '읽씹'이라고 하죠.) 그리고는 밤 늦게 술 한잔 걸치고 전화가 와서는 이럽니다.

"하아. 이게 참 암만 노력해도 재미가 없어. 안 들린다. 그 쪽 드라마는 우리 정서랑 안 맞아. 아무래도 영어는 서바이벌 잉글리시로 버텨야겠어. 미안하다, 재우야."

이런 주기가 벌써 5년 이상 계속되고 있지요.

4050 세대, 그들은 단 한 번도 영어를 즐길 수 있는 환경에 놓인 적이 없습니다. 미국 어린이가 모국어를 배울 때 생활 속에서 일상 영어를 먼저 접한 뒤 차근차근 단계를 밟아 어려운 것을 공부하는 것과 같은 체계적인 커리큘럼이 아닌, 처음부터 뇌에 부하가 걸릴 만큼 어려운 영문법과 미국 현지인 기준으로 최소 고3은 되어야 구사할 수 있는 어려운 어휘를 중구난방식으로 암기했던 세대들. 그들이 요즘 2030 세대들이 그리 즐기며 본다는 미드나 영드를 재미있게 볼 수 없는 건 당연한 일일지도 모르겠습니다. 언어 학습, 그 중에서도 '듣고 말하는' 것은 유년기와 청소년기가 중요한critical 시점입니다. 그런 중요한 시기에 듣고 말할 기회가 아닌 아카데믹한 독해와 이에 파생된 고급 단어 암기에 청소년기를 바친 결과, 그들은 '지식으로서의 영어는 충만하되 입은 얼어버린 안타까운 세대'가 되어 버렸습니다. 적어도 영어 교육에 있어서만큼은 우리 사회가 이들 세대에게 큰 '빚'을 지고 있다고 해도 과언이 아닙니다. 순서가 뒤바뀐 영어 학습 여건 때문에 그들은 지금 이 순간에도 영어 공부에 필요 이상의 에너지를 소모하고 있습니다. 4050 세대, 그들은 정말 한국식 영어 교육의 최대 피해자들인 셈입니다.

《맨투맨》,《성문종합영어》,《영어 순해》를 독파하고도 속 시원하게 말 한

마디 못하는 세대, 생활 영어보다 오히려 영자 신문이 더 익숙한 세대, 인풋이 100이면 아웃풋은 10인 세대, 이들에게 성인 영어 교육에 몸담고 있는 저로서는 위로 아닌 위로의 말을 전하고 싶습니다. 저 역시 피해자 중 한 명이지만 말입니다. ✽

브로큰 잉글리시의 무한 책임, 영어 사교육의 메카 강남 어학원

"쌤, 영어 학원 다녀서 영어 잘하는 사람을 본 적이 없어요."

언젠가 한 학생이 저에게 했던 말입니다. 네, 틀린 말은 아닙니다. 솔직히 외국에서 좀 살았거나, 원어민과 자주 어울리거나, 어릴 때 영어 조기 교육을 받았거나 하는 경우가 아니면 영어 스피킹을 잘하는 사람이 별로 없긴 합니다. 그런데 그는 왜 이런 말을 하게 된 걸까요? 그 학생의 말을 계기로 '나부터 반성하고 더 노력해야겠구나.'라는 다짐을 하게 되면서, 우리나라 영어 사교육에 대해 그동안 생각해 왔던 문제점을 되짚어 보게 되었습니다.

위에서 말한 영어 잘하는 사람이란 영어로 아웃풋을 잘하는 사람을 말하는 거겠죠. 사실 시험 점수에서의 고득점이 '잘한다'의 기준이라면 우리나라에 영어 잘하는 사람은 많습니다. 그리고 영어 학원의 기여도가 상당하고요.

이에 반해 영어로 말을 잘하거나 글을 제대로 잘 쓰는 사람은 저 역시 많이 보지 못했습니다. 좀 잘한다 싶은 사람을 본다 해도 나중에 알고 보면 그들에게는 '비밀'이 있더군요. 잠깐이긴 하지만 어린 시절 영미권 국가에서 체류했거나, 상류층이 사는 동네에 있는 좋은 영어 학원에 대한 접근권이 높았거나, 국내에서만 영어를 공부했다 해도 주변에 원어민 친구가 제법 많았거나 하는 등 말이죠.

대한민국 '성인 영어 학원의 메카'라 할 수 있는 강남역 인근의 어학원을 보면 '시험 영어'가 주를 이룹니다. 교육이라는 본질을 깔고 있지만 결국 돈이 되는 서비스에 에너지를 집중할 수밖에 없어서겠죠. 그리고 이점에 대해서는 누구에게도 화살을 돌릴 수 없다고 생각합니다.

스피킹이라는 것은 논리적 이해의 측면보다는 정확한 인풋을 바탕으로 누가 몇 시간을 어떤 상대와 말해 보는 지가 관건인데, 학원이라는 주체의 본질적 특성상 일대일 또는 일대 소수와 같은 형태의 서비스를 질적인 훼손이나 사업적인 부침 없이 지속적으로 이어 나간다는 것은 매우 어려운 일입니다. 그러다 보니 서비스 공급자 입장에서는 다수를 대상으로 진행되는 일방향 강의, 즉 '고수익 상품cash cow'에 선택과 집중을 할 수밖에 없으며, 영어 구사력 자체를 향상시키는 수업은 상대적으로 후순위가 되는 것입니다. 이러한 순환이 지난 30년 정도 반복되었다고 생각합니다.

시중에는 무수히 많은 영어 수업과 이에 대한 광고가 있습니다. 그들 나름의 논리대로라면 지금쯤 우리는 영어를 준원어민급으로 구사하고 있어야 맞습니다. 하지만 주위를 둘러보면 영어 말하기를 잘하는 사람이 그리 많지 않습니다. 유명하다는 영어 강사 분들 역시 예외는 아닙니다. 영어적 지식의 관점에서 보면 학생들에게 감동을 줄 정도의 내공을 자랑하는 분들도 실제

넌 대체 몇 년째 영어 공부를 하고 있는 거니?

구사력에 있어서는 "글쎄요……."라는 의문이 남으니까요.

서비스 공급자의 에너지가 온통 시험 영어로 집중되는 가운데, 상대적으로 홀대 받아온 영어 구사력과 영어 스피킹 실력 향상을 위한 서비스는 그 종류도 적거니와 체계화가 덜 된 경우가 많습니다.

일대일 화상 영어 수업 등의 경우에도 지엽적인 수정(예를 들어 단편적인 문법 실수 교정) 등에 그치는 경우가 많으며 좀 더 근본적인 '틀(문형 또는 영어식 사고)'에 대한 피드백은 찾아보기 힘듭니다. '영어식 주어 잡기', '구어체와 문어체 각각에 맞는 어휘 선택', '전체적인 문형의 틀'과 같은 본질적인 피드백이 체계적으로 이루어질 때 영어 말하기 실력을 끌어올려줄 수 있는데 말이죠. 저 사람이 어떤 언어 논리 구조를 가지고 있길래 이와 같은 브로큰 잉글리시 문장을 만드는지를 이해할 수 있어야 해당 학습자에게 좀 더 본질적인 피드백을 제공할 수 있습니다. 그래야만 왜 내가 하는 영어가 어색한지를 받아들인 후 개선할 수 있게 되는 것이죠.

학습자가 어려워하는 부분은 비단 스피킹뿐만이 아닙니다. "잘 안 들려요."라는 말이 여기저기서 들립니다. 우리가 통상 영어 학원에서 듣게 되는 청취 소스(특히 미디어 뉴스 영어)는 표준적인 영어 표현이 주를 이룹니다. 그런데 내가 내일 회사에 가서 호주 사람들과 줌으로 회의를 하거나 미국 현지에 가서 듣게 되는 영어는 표준적이지 않고 정제되지 않은 '날 것'이지요. 국내에서 학습하는 영어 문장과 그들이 실제 내뱉는 문장 간의 간극(발음, 억양, 사용하는 어휘, 문형 등)이 생각보다 크다는 것입니다. 그렇다면 일선 현장에서 정제되지 않은 영어를 수업 자료로 활용하는 것이 왜 힘들까요?

저는 크게 두 가지로 봅니다. 첫 번째는 학습자 스스로가 표준적이고 정제된 것을 배워야 "오늘 뭔가 야무지게 배우고 간다."라는 인식이 있는 것 같습니다. 몰랐던 단어와 관용 표현을 건져야 내가 낸 수강료가 아깝지 않다고 생각합니다. 눈으로 보면 쉽지만 내 입에서 안 나오는 문장을 완전한 내 것으로 만드는 연습이 아니라 색다른 표현이나 자극적인 표현만 익혀서는 필요한 상황에서 영어를 잘 말하기가 힘든데도 말입니다. 고객의 니즈needs를 충족시켜야 하는 서비스 공급자의 입장에서 어떤 선택을 할 지는 자명하지요.

두 번째는 선생님 입장에서도 소위 '날 것'은 수업 준비에 품이 너무 많이 들고 가르치기도 힘듭니다. 여기저기서 질문이 쏟아질 것도 뻔합니다. 그리고 이러한 질문에 속 시원한 답을 줄 자신도 없습니다. 선생님 입장에서는 '잘해야 본전'인 일을 할 이유가 없는 것이죠.

강남역을 중심으로 한 소위 메이저급 어학원은 한국인의 영어 실력 업그레이드에 대한 '지분'도 가지고 있는 동시에 '10년을 해도 제자리걸음'인 우리 영어에 대한 '빚'도 지고 있다고 생각합니다. 그렇다면 이분들의 지분은 무엇이며 빚은 무엇일까요? 두 가지 측면에서 생각해 볼 문제입니다.

토익(TOEIC), 아이엘츠(IELTS), 오픽(OPIc) 등과 같은 영어 시험에서 원하는 점수를 획득하게끔 조력자 역할을 한 점에서는 분명한 지분이 있을 것입니다. 하지만 한국 영어 학습자의 "영어 소통 능력을 현격하게 개선시켰는가?"라는 질문을 드려보겠습니다. 외람되게 들릴 수 있지만 "그건 아니다."라고 말할 수밖에 없습니다.

"10년을 영어 공부를 하고 있는데도 영어 스피킹이 잘 안되고, 듣기가 여전히 불편하다."라고 한다면 공급자 단에서의 문제의식을 가져 볼 때가 되었습니다. '다음 달에는 학생이 몇 명이나 등록할까?', '어떤 반을 개설할까?' 못지않게 대체 왜 수많은 수강생이 "영어 공부는 해도 해도 끝이 없고, 좀처럼 잘 안 는다."라는 말을 할까 하는 점을 진지하게 고민할 시점입니다.

아이엘츠나 토플 준비반의 라이팅writing 수업을 들어 보면 강사님이 다음과 같은 설명을 하십니다.

"작문할 때 '~의 장점'은 advantage, benefit, upside, merit, strength 등과 같은 단어로 표현하면 됩니다. '~의 단점'은 다음 단어에서 골라서 쓰세요. drawback, shortcoming, downside, weakness, disadvantage. 알겠죠?"

이 수업을 들은 학생은 몇 년 후 원어민이나 저에게 '이 차의 좋은 점'을 다음과 같은 영어 문장으로 표현하게 됩니다.

"The upside of this car is that it has really good fuel efficiency.(연비 효율이 좋다는 점이 이 차의 장점입니다.)"

그런데 원어민 선생님은 "지나치게 다듬어진 문어체 표현이다."라고 말합니다. 처음에는 학습자에게 이 말의 뜻이 무엇인지 와닿지 않습니다. "아니, 실력 있는 선생님에게 배운 단어들이고, 제가 볼 땐 아주 잘 다듬어진 문장인데, 뭐가 어색하다는 거죠?"라는 일종의 저항이 생깁니다. 그 학생의 언어 소통 능력을 책임진 원어민은 이 점을 어떤 식으로 설명해야 학생이 수월하게 받아들이고, 자연스러운 것과 자연스럽지 않은 것이 뭔지를 구분할 수 있을까 하는 고민을 시작합니다. 그러면서 다음과 같이 표현하는 것이 좀 더 자연스럽게 들리고, 원어민이 일반적으로 사용하는 표현법이라고 소개합니다.

"What's great about this car is it gets good gas mileage."

학생은 어리둥절한 표정으로 생각합니다.

'조금 전에 내가 말한 문장이 더 근사하고 멋있고 잘 다듬어진 것 같은데 왜 자연스럽지 않다는 거지?'

그 이유를 다음과 같이 설명할 수 있습니다.

언어에는 사용역language register이라는 것이 있습니다. 쉽게 말해 친구에게 말할 때와 교수님에게 말할 때 다른 어휘나 표현법 등이 사용된다는 것입니다. 친구에게는 "야, 그동안 잘 지냈지?"라고 하는 반면, 교수님에게는 "교수님, 그간 안녕하셨는지요?(물론 이 문장도 좀 오버스럽기는 합니다만)"라고 하죠.

같은 맥락으로 the upside of this car라고 하면 '이 차의 장점'이라는 상대적으로 딱딱하게 들리는 사무적인 말투가 되는 반면 what is great about this car라고 하면 '이 차가 좋은 게'라는 일상 대화문의 표현법이 됩니다.

'무엇이 맞고 무엇이 틀리다'의 문제가 아닌 상황과 장소, 대화의 상대, 내가 쓰고 있는 글의 성격에 맞게 표현의 격register을 달리 해야 하는데, 시험 준비를 위한 영어 공부에서는 거의 90%가 the upside of something과 같은 표현법에 집중하게 됨으로써 훗날 이 학습자가 제대로 된 영어 스피킹 능력을 필요로 하는 상황이 되었을 때 차라리 upside를 몰랐던 것이 더 나았을 수도 있는 상황이 연출된다는 점, 바로 이 점을 지금 이 순간에도 우리나라 어학원에서 땀을 흘리며 수업 준비를 하고, 열과 성을 다해 수업을 진행하고 있을 선생님들께 말씀드리고 싶습니다.

일전에 대형 학원의 라이팅 인강을 수강생의 눈으로 맛볼 기회가 있었습

넌 대체 몇 년째 영어 공부를 하고 있는 거니?

니다. 강사님이 '명사절'에 대한 설명을 하면서 다음과 같은 문장을 보여줬습니다.

"That I like you is true."

'That I like you까지가 명사절이며 문장에서는 주어 역할을 한다.'라는 설명입니다. 이 문장을 해석하면 "내가 널 좋아한다는 것은 사실이야."가 됩니다. 그런데 이 문장을 마주한 원어민 몇 명이 저에게 "We wouldn't put it that way.(우리는 저렇게 말하지 않아요.)"라고 하더군요. 그냥 "Of course I like you." 또는 "I like you, and that's a fact."라고 말하는 것이 자연스럽다고 합니다.

바로 이 지점이 영작 시험 대비용에서 사용되는 예문과 실제 통용되는 영어 표현법의 차이가 발생하는 부분입니다. 문법 설명을 돕기 위해 사용되었던 예제가 실제 영어 말하기에 있어서 한국인의 영어를 '어색하게awkward-sounding' 만드는데 가장 큰 일조를 해 버린 셈이죠. 그 결과 영어 시험 준비에서 익힌 문장 따로, 영어 스피킹을 위한 공부 따로 하게 되는 일종의 비효율이 생기게 되며 시험 공부에 충실했던 학생은 "That I like you is true."와 같이 문법에는 맞을 수 있으나 실제 대화에서 사용하면 어색하게 들리는 문장을 구사하게 되는 것입니다.

이 학생에게 해당 문장이 왜 어색한지를 이해시키고 설득시키는데 평균 6개월 정도 걸립니다. 그 다음 이제 조금 납득을 했다 해도 습관을 고치는데 최소 1년이 걸립니다. 도합 1년 반은 잡아야 합니다.

영어를 가르치는 일을 한지 꽤나 많은 시간이 흘렀습니다. 소위 공인된 기관인 통번역대학원을 졸업했다 해도 결국 저 역시 한국인이기에 영어 공부를 게을리할 수 없습니다. 일부 강사 분들의 경우 '나는 토익을 가르치니까 토익만 꿰뚫고 있으면 돼.', '나는 영작 전문 강사이니까 이 부분에 도움이 되는 내용만 가르쳐 드리면 돼.'라는 생각을 가지고 있더군요. 안이한 생각이라고 봅니다.

영어라는 언어의 모든 영역에 능수능란해야 하며, 이론적 지식을 넘어 원어민과의 실제 소통에서도 자유자재로 영어를 구사할 수 있어야 합니다. 실제 그들과의 많은 교류를 통해 내 귀로 직접 듣고 확인된 표현과 지식을 공유하는 것이 옳다고 생각합니다. 그렇지 않을 경우 영미권 국가의 일반인이 별로 쓰지도 않는 어색한 표현을 전면에 내세우는 불상사마저 생기게 됩니다. 영어라는 언어의 전반을 꿰뚫고 있을 때만이 균형감 있고 객관적인 설명을 할 수 있습니다. 그래야 영어를 가르치는 업 그리고 영어 교육 업계 전체의 사회적 위상도 지킬 수 있는 것 아니겠나 싶은 생각이 듭니다.

흔히들 영어 강사의 길은 진입 장벽이 높지 않다고 합니다. 그래서 "영어 강사, 그거 뭐 아무나 하는데 뭐."라는 이야기도 들립니다. 이 분야에 몸담고 있으면서 가장 듣지 말아야 할 말이며, 가장 듣기 싫은 소리입니다. 저를 포함한 많은 영어 강사 분이 조금 더 노력해서 대한민국 국민의 영어 소통 능력을 한 단계 끌어올리는데 보탬이 되었으면 하는 바람으로 몇 자 적어 보았습니다.

최대 다수의 영어 학습자에 대한 '액세스access 권한'을 가지고 있는 강남역 어학원들이 그 명성에 걸맞게 이런 점까지 신경을 써 주시면 너무 좋을 것 같다는 생각을 해 봅니다. 물론 당장 코앞에 닥친 점수를 올려 주기도 바쁜데 그런 점까지 바라는 건 무리일 수 있습니다. 무엇보다도 점수를 따려고 온 학생들이 바라지 않을 것이고요. 다만, 지금과 같은 투 트랙two-track 방식의 영어 학습으로는 모르긴 해도 영어 학원에 다녀서 영어 스피킹 잘하는 사람이 쏟아지는 것을 기대하기는 힘들 것 같다는 생각이 드는군요. ❋

맥락 없는 암기는 콩글리시의 주범

구글 번역기와 네이버 번역기가 아직 극복하지 못하는 것이 있습니다. 말의 의도와 맥락만큼은 정교하게 잡아내지 못하는 것이 그것인데요. 몇 가지 사례를 살펴보겠습니다.

- 눈치 = sense

- 부담 = burden

- 복잡한 = complex

- 자격 = qualifications

위에서 제시한 한국어의 경우 맥락 의존도가 높기 때문에 문장과 문맥 속에서 어휘 선택이 결정되는 것이지, 단어장에 단어를 열거해 놓고 암기를 한 후 '한국어 = 영어' 식으로 옮기게 되면 십중팔구 어색한 영어가 됩니다.

넌 대체 몇 년째 영어 공부를 하고 있는 거니?

'눈치'라는 우리말 표현의 경우 "저희 남편이 눈치가 너무 없어요."라고 한다면 "My husband never picks up on hints."라고 표현해야 하며 "눈치가 참 빠르시네요. 금방 알아차리시네요."라고 한다면 "You figured it out right away."라고 표현할 수 있습니다. 즉, 우리말에의 '눈치'가 영어 문장에서는 상황에 따라 가변적이라는 것이죠.

'부담' 역시 마찬가지입니다. "혹시 안 되면 부담 갖지 말고 말해 주세요."라고 한다면 "Feel free to say no."라고 하며 "나한테 생일 선물해야 한다는 부담 갖지 말게나."의 경우 "Please don't feel like you have to get me anything for my birthday."가 됩니다. 그럼에도 많은 학습자가 "'부담'이 영어로 뭐예요?"라는 틀에 갇혀 있게 됩니다.

위에서 제시된 우리말 '복잡한'의 경우 '마음이 복잡하다'는 것이 말의 의도였습니다. 그렇다면 절대 complex가 될 수 없겠지요. "I have mixed feelings."라고 표현할 수 있습니다. 영어 표현 mixed와 우리말 '복잡한'이 일대일 매칭이 되지는 않지만 말의 의도를 가장 잘 옮긴 사례입니다.

일전에 학생분이 '부모 자격 없는 사람들이 있어요.'를 "Some people don't have qualifications to become parents."라고 표현하면 되는지 물었습니다. 한국어의 '자격'을 단어 대 단어로 번역한 사례인데요. '소질', '자격' 등과 같은 한국어 표현 역시 맥락에 따라 수시로 바뀌는 대표적인 사례이며, 위의 문장에 대한 가장 적절한 영어 표현은 "Some people are not meant to be parents." 혹은 "Some people wouldn't make good parents."입니다.

아주 오래 전 제가 원어민에게 이런 말을 한 기억이 있습니다.

"I have a lot of fur on my body."

이 말을 들은 그 원어민 친구가 박장대소를 하더군요. fur는 주로 동물의 '모피'라는 뜻으로 사용하는 거고, 사람 몸의 털은 body hair라고 한다면서 말이죠. "나는 몸에 털이 많아."를 저렇게 말했으니……. 그 순간 창피해 죽는 줄 알았습니다. 사전에 '털'이라는 뜻이 있어서 이 단어를 쓴 건데 원어민은 어색하다네요. (사실 fur의 경우 사전에도 분명히 '동물의 털'이라고 나와 있습니다.)

이처럼 맥락 속에서 그리고 스토리 속에서 어휘를 습득해야 해당 어휘의 느낌과 뉘앙스, 더 나아가 언제 이 단어를 쓰는가에 대한 '감'이 생깁니다. 하지만 우리는 빨리 외우고 싶은 마음에 어휘 책을 사서는 단어의 시각적 정의만 머릿속에 집어넣는 경우가 많았습니다.

영어 독해 시험이나 청취 시험이 코앞에 닥친 사람들이야 어쩔 수 없겠지만, 영어로 말을 잘하는 것이 목표인 분은 이런 암기법이 스피킹을 다 망칠 수 있다는 점을 꼭 기억하세요.

다음 몇 가지 단어들을 살펴보겠습니다.

- limit = 제한
- dirty = 더러운
- female = 여성
- ruin = 망치다, 파멸시키다.
- aware = 알고 있는, 인지하는

이런 방식의 어휘 암기는 시간을 단축시키고 영어로 된 글을 해석할 때는 도움이 되겠지만 말하기에는 도움은커녕 오히려 걸림돌이 되는 경우가 많습니다. 흔히들 "저는 맨날 쓰는 단어만 써요."라는 말을 하잖아요. 이게 다 위와 같이 도식화된 어휘 암기 때문입니다. 앞 뒤 문맥이 있는 스토리 속에서 용례를 익히고 느낌에 대한 감을 잡지 못하면 정작 그 단어를 써야 할 때 떠오르지 않습니다. 내재화가 안 되어있기 때문이죠.

limit이라는 단어는 '~할 수 있는 최대치를 제한하다'라는 뉘앙스를 지닌 단어입니다. 속도를 많이 내면 사고가 나니 속도를 '제한'할 때 speed limit으로 표현하고, '주량'과 같이 마실 수 있는 술의 최대치를 나타낼 때도 사용할 수 있는 단어입니다. "I know my limit."처럼요. 그렇다면 다음과 같은 상황에서 limit이라는 단어를 쓸 수 있을까요?

"저희가 주말에 놀이공원을 갔는데 탈것들이 전부 나이 제한, 키 제한이 있었어요. 그래서 제 아들이 아무것도 못 탔어요."

'limit = 제한'이라고 단순 암기를 했다면 여기서 불쑥 age limit이라고 튀어나와 버릴 겁니다(age limit은 '노인은 못 탄다'라는 말이 됩니다). 그런데 이 상황에서는 'requirements(기준을 맞추기 위한 최소 요구 조건)'를 써야 정확하거든요. 문맥과 스토리 속에서 단어를 자연스럽게 건지는 것이 아니라 영어 단어 하나를 놓고 뜻을 암기해 버리면 이런 일이 매일 같이 생기겠죠.

'예민한'이라는 단어를 한번 보겠습니다. '피부가 예민하다', '소비자들이 가격에 민감(예민)하다', '후각이 예민하다' 등(저는 배고프면 예민해집니다.) 문맥에 따라 영어 단어가 다 달라지겠죠. 그런데 'sensitive = 예민한'이라고 단순 암기를 해 놓으면 어떤 일이 벌어질까요? 가격에 민감한 건 price-sensitive라고 할 수 있지만 '개는 후각이 예민하다.'라고 한다면 "Dogs have a keen sense of smell."이라고 해야 자연스럽고, 배고프면 예민해지는 건 "I get irritable when I am hungry."가 가장 자연스럽게 들립니다. 이때 sensitive라는 단어를 쓰면 어색해지는 겁니다.

'male = 남성', 'female = 여성'이라는 단편적 암기를 하고 "뉴욕에서 여자로 산다는 게 불안해요."라는 말을 "I don't feel safe living as a female in New York."이라고 표현하면 원어민에게는 어색하게 들립니다. female이라는 단어는 성별 표기로 '여성'이라는 경우에는 명사로 쓰이지만 그 외의 상황에서는 거의 다 형용사로만 사용되거든요. 'female voters(여성 유권자)'처럼 말이죠. 그럼에도 불구하고 어휘 책이나 사전에는 'female = 여성'으로 나와있기 때문에 실제 원어민이 써 놓은 글이나 그들이 말하는 영어 문장에서 female을 습득하지 않으면 이러한 사실을 알 수 없게 됩니다.

밥을 먹고 있는데 원어민 친구가 화장실 이야기를 합니다. 그때 영어로 "That sounds dirty."라고 하면 괜찮을까요? 원어민이 분명 알아는 들을 겁니다. 하지만 이런 경우 영어로는 "That sounds gross."가 좀 더 정확한 표현법이죠.

'ruin = 망치다, 엉망으로 만들다'로 외웠지만, 엄마가 애를 혼내면서 "저녁 먹기 전에 사탕 먹지마. 밥맛 없어져."라고 말하는 상황에서 원어민이 "You are ruining your appetite."라고 하는 것을 내 귀로 들어봐야 '아, 이럴 때 ruin을 쓰는 구나.'를 깨우치게 됩니다. 사전만 보고 아무리 뜻을 외워도 언제 쓰는지를 제대로 알 길이 없거든요.

그러고 보니 예전에 한 원어민이 저에게 이런 말을 했던 기억이 나네요.

"Korean cafes, they put too much ice in their coffee and that ruins the drinks.(여기 카페는 얼음을 너무 많이 넣어서 커피가 맛이 없어요.)"

위의 상황에서 우리는 ruin을 떠올리지 못한 채 "So the taste is not good." 이런 식의 표현에서 벗어나지 못하는 것을 볼 수 있습니다.

'aware = 인지하고 있는'으로 외웠습니다. 그런데 여러분 방에 벽시계가 고장이 났습니다. 원어민 친구가 이걸 보고는 "벽시계 고장 난 거 아니?"라고 할 경우 "Are you aware that the clock isn't working?"이라고 하지요.

영어로 말을 하는데 중간중간 필러filler(삽입어, 무의식적으로 쓰게 되는 말)로 you know를 남발하는 한국인에게 영국인 친구가 다음과 같이 말을 합니다.

영국인: Are you aware that you use 'you know' constantly?
　　　너 계속 'you know'라는 필러 쓰고 있는 거 아니?

한국인: No. I wasn't aware.
　　　아니. 몰랐는데.

aware가 사용되는 상황을 위와 같은 문맥에서 자꾸 들어봐야 aware는 '뭔가 네가 모를 까봐 말해 주는데'의 뉘앙스가 있다는 것을 깨우치게 됩니다. '알고 있는, 의식하고 있는, 눈치채고 있는'이라고만 외워서는 적절한 상황에서 사용하기가 쉽지 않다는 겁니다. 그럼에도 대부분 학습자들은 다음과 같은 생각을 가질 겁니다.

- 우선 단어부터 몰아서 외워 놓자.
- 다음 달에 중요한 영어 시험 봐야 되니까.
- 단어를 알아야 글을 읽든, 말을 하든 할 거 아닌가.
- 뉘앙스까지는 몰라도 단어 많이 알면 그래도 좋은 거 아닌가.

네. 저도 위의 상황 모두 이해합니다. 그런데 오랫동안 다들 이런 방식의 어휘 학습을 해 왔기 때문에 영어 스피킹이 생각보다 잘 안 늘고, 한국식 영어로 소통한다는 게 핵심입니다.

여러분이 쓸 수 있는 어휘의 가지수를 늘리려면 '기계적 암기rote learning'로는 턱도 없습니다. '습득pick up(내 앞에 있는 원어민이 내뱉은 문장 속에서 해당 어휘를 내 귀로 또렷이 듣게 되는 경험)'이라는 과정이 생략되면 절대 내 입에서는 나오지 않습니다. 그래서 다들 "맨날 쓰는 단어만 쓰게 돼요."라는 말을 여기저기서 하고 있다는 점, 바로 이것을 기억했으면 합니다. ✻

넌 대체 몇 년째 영어 공부를 하고 있는 거니?

3장

영자 신문과 영어 뉴스
듣지도 읽지도 마라

친구와의 일상 대화조차도 기자처럼 말하는 우리

최근 영어에 진심인 한 학생분이 저에게 다음과 같은 말을 건넸습니다.

"미국에서 학교를 다니는 중학생 조카가 영어로 말하는 걸 들어 보면 어려운 단어 하나 안 쓰고 하고 싶은 말을 속 시원히 다 하더라고요. 지난 방학때는 저한테 이런 말을 했답니다. '고모, 고모가 하는 영어는 너무 이상해요. 자꾸 어려운 단어를 쓰시는데, 현지에서는 아무도 그렇게 이야기 안 해요.'"

이 학생분은 자신이 구사하는 영어가 뭔가 어색한 것도 인지하고 있으며, 왜 그런지도 대충은 알고 있습니다. 다만, 어디서부터 무엇을 건드려야 할지를 두고 아직도 이렇다 할 답을 찾지 못한 상태이지요. 영어 공부의 교본쯤으로 인식되어 왔던 영자 신문이나 영어 뉴스를 이용한 영어 학습의 한계를 보여주는 사례를 들면서 본 장의 이야기를 시작해 보겠습니다.

영어 공부의 좋은 자료로 영자 신문과 영어 뉴스를 꼽기도 합니다. 교양있는 말투와 정제된 어휘 선택을 비롯해 문형과 문장 구조, 문법, 어법을 공부할 수 있는 좋은 소스라고 말하는 선생님이 많으며 실제 미디어 영어를 통해 영어 공부를 하는 학습자도 많습니다. 저 역시 대학생 시절 《코리아헤럴드The Korea Herald》가 영어 학습의 바이블인 양 열심히 읽으면서 중요하다고 생각되는 표현에 박스를 치고 형광펜으로 색칠하며 친구와 단어 쪽지 시험도 봤던 기억이 납니다.

통번역대학원 입시를 준비할 때 역시 주로 보고 듣는 자료는 《중앙데일리Korea JoongAng Daily》,《이코노미스트The Economist》,《뉴욕 타임스The New York Times》,〈ABC 뉴스〉,〈CNN 뉴스〉,〈AP 뉴스〉였지요. 고등학교 때 대학 입시를 준비하기 위해서 공부한 자료도 거의 대부분 특정 주제에 대한 '글'이었고, '글의 주제 파악하기', '빈칸에 알맞은 접속사 찾기', '글의 흐름상 어색한 문장 골라 내기' 등 우리나라 영어 교육의 중심에는 늘 '독해'와 '독해 지문에 대한 이해력 평가'가 자리 잡고 있었습니다. 그런데 말이죠, 냉정하게 스스로에게 다음과 같이 물어보세요.

❶ 영어 뉴스나 영자 신문에 등장하는 문장을 익히면 영어 말하기에 도움이 될까?

❷ 나의 현재 영어 실력이 이런 정제된 문형이 주를 이루는 고급 영어를 흡수할 수 있는 수준인가?

❸ 뉴스에 등장하는 수많은 어휘와 화려한 표현, 이디엄, 비유적 문장이 과연 내가 추구하는 영어 실력에 보탬이 될 것인가?

정제된 글을 읽고 듣기 위해서는 기본적인 의사소통 능력이 전제가 되어

넌 대체 몇 년째 영어 공부를 하고 있는 거니?

야 하는 법인데 이 부분이 제대로 충족되지 않은 상태에서 '말의 유희'를 즐기는 문장으로 구성된 영자 신문과 영어 뉴스를 읽고 듣는다? 원어민이 보면 참 아이러니하다 싶을 겁니다.

무엇을 듣고, 무엇을 읽었느냐(인풋input)가 내 입에서 나오는 영어(아웃풋output)의 언어 사용역을 결정하게 됩니다. '언어 사용역'이란 상황과 자리에 맞는 말투formality를 말합니다. 영자 신문의 경우 정제된 글의 형태를 띠고 있습니다. "물가가 고공행진을 하고 있습니다.", "반도체 수출 빨간불" 등이 대표적인 사례입니다. 만일 일상 대화에서 이런 식의 표현을 하면 "어, 뉴스 앵커세요?", "기자세요?"라는 원어민의 반응은 불 보듯 뻔하겠지요. 그럼에도 불구하고 상당수 학습자가 뉴스로 영어 공부를 하는 이유는 다음과 같습니다.

❶ 영어 공부와 정보 습득이라는 두 마리 토끼를 한꺼번에 잡을 수 있다.

❷ 교양 있게 글을 쓰고 말하는 법을 배울 수 있다.

❸ 일상 회화는 너무 유치하고 수준이 낮게 느껴진다.

❹ 솔직히 미드나 영드는 잘 안 들리고 CNN 뉴스가 더 잘 들려서 뉴스만 자꾸 듣게 된다.

많은 한국 학습자가 말하기 영어spoken English에서조차 문어체 영어written English를 사용함으로써 "저 사람 말 참 특이하게 한다."라는 인상을 주게 되고 이건 결국 "참 어색하게 들린다.'라는 말로 귀결됩니다. 자연스럽게 들리지 않기 때문이죠.

다음은 뉴스 영어의 주요 특징입니다.

❶ 말로 하기에는 문장이 불필요하게 길다.(분사 구문, 관계사, 삽입절 등을 이용해 문장을 지나치게 길게 만듭니다.)

❷ 비유적인figurative 표현과 수사적인metaphor 문장이 지나치게 많다.(쉽게 말해 좀 더 근사한 말투로 표현합니다.)

❸ 범용성이 높은 어휘가 아닌 해당 상황에 가장 적합하고precise 지나치게 다듬어진polished 표현법이 주를 이룬다.(특히 화려한 형용사와 부사 사용 빈도가 일상 영어에 비해 훨씬 많습니다.)

뉴스 영어의 특징별 사례를 구체적으로 한번 보겠습니다.

1. 말로 하기에는 문장이 불필요하게 길고 장황하다

"The billions of dollars in damage caused by Hurricane Ian has exacerbated an already urgent housing crisis for Florida, with thousands of displaced residents unsure where they'll live in one of the country's most expensive states."

"허리케인 이안으로 인한 피해 금액이 수십억 달러에 달하며 이 때문에 가뜩이나 심각한 주택 문제가 더 악화되어, 미국 내 집 값이 가장 비싼 플로리다의 수 천명 이재민은 이제 어디서 살아야 하나 막막한 상황이다."

한 문장이 어떻게 이렇게 길수 있나요? 읽다가 숨 넘어가게 생겼습니다. 문어체의 특징 상 하나의 정보를 한 문장에 담으려다 보니 문장이 길어지며, 분사 구문을 이용해 부연 설명까지 합니다. 이런 류의 문장을 너무 자주 접하다 보면 나도 모르게 어려운 단어, 복잡한 문형으로 스피킹을 하게 되겠죠. 플로리다 주지사가 언론에 뿌리는 보도문이 아닌 다음에야 이렇게 말할 일은 없습니다.

다음은 《이코노미스트 *The Economist*》에 실린 'TikTok' 관련 기사의 일부 내용입니다.

"TikTok makes creating films easy. It has done for video-editing what Instagram did for photo-editing a decade ago, allowing amateurs to turn wobbly recordings into slick-looking films."

"틱톡은 영상 제작을 쉽게 해준다. 10년 전 인스타그램이 사진 편집을 쉽게 만든 것처럼 틱톡은 영상 편집을 편리하게 만들었고 이 덕분에 아마추어들도 불안정한 영상본을 번드르르한 영상으로 편집할 수 있게 되었다."

allowing amateurs to do something과 같은 분사 구문이 사용되었는데 일상 대화에서는 짧게 끊어서 말을 하지, 분사 구문으로 두 개의 정보를 하나로 묶어서 이야기하는 경우는 많지 않습니다.

2. 비유적인 표현과 수사적인 문장이 지나치게 많다

다음은 스페셜 올림픽 관련 영문 기사에서 발췌한 문장입니다.

"In 2007, Holland travelled to the World Special Olympic Games in China, bringing home a silver medal."

"2007년 홀란드는 세계 스페셜 올림픽 경기에 참석해 은메달을 집에 가져오게 되었습니다."

'메달을 따다'에 해당하는 일반적인 영어 표현은 win a medal이지만 미디어 영어의 특징 상 비유적metaphor으로 표현하는 것을 볼 수 있습니다. 일반인이 사용하는 보편적인 표현법과는 거리가 멉니다. 물론 영어 학습의 목적에 따라 비유적 표현을 많이 습득하고 구사해야 하는 분이 있을 것입니다. 예를 들어 언론계에 종사하는 분이 고급 영어를 익히고자 한다면 그 목적에는 부합하겠죠. 하지만 영어의 기본이 부족한 우리 대부분에게는 "가장 최근에 어떤 표현을 접했는가?" 하는 점이 내 입에서 나오는 영어 표현을 결정하게 됩니다. 제가 우려하는 부분은 바로 상황과 자리에 맞지 않는 표현을 쓰는 것입니다.

"요새 집값이 뚝뚝 떨어진다며."라는 한국어 표현을 모르거나 구사할 수 없는 Jeff가 그의 한국인 친구 민수에게 "현재 주택 시장이 극심한 침체기에 접어들었다."라고 하는 신문 기사의 한 구절을 외워서 말한다고 생각해 보십시오. 얼마나 부자연스럽고 어색하게 들리겠습니까?

다음 문장은 《이코노미스The Economist》에 실린 인도의 결혼 문화에 관한 기사 중 일부입니다.

"The amount of money which changes hands in relation to marriage can be staggering."

"결혼 관련해서 오가는 돈의 액수가 천문학적이다."

'change hands(손을 바꾸다)', 이 표현이야 말로 극단적인 비유법입니다. 신랑, 신부 측 사이에서 오가는 돈을 '손을 바꾸다'라고 표현하니 말이죠.

비유적인 영어 문장을 정확히 이해할 수 있는 독해력을 키우는 것을 말리지는 않습니다. 다만, 기본적인 표현에 서툰 상황에서는 영문 기사를 읽다가 접하게 된 튀는 표현이 나도 모르게 불쑥불쑥 나오는 것을 경계해야 합니다.

3. 범용성이 높은 어휘가 아닌 해당 상황에 가장 적합하고 지나치게 다듬어진 표현법이 주를 이룬다

다음은 구글의 공식 보도문에서 발췌한 문장입니다.

"We're doing everything we can to safeguard your information on Google Search."

"사용자의 정보를 보호하기 위해 최선을 다하고 있다."

safeguard의 사전적 정의를 보면 'to protect from harm or damage with an appropriate measure(적절한 조치를 취하여 피해로부터 보호하다)'입니다.

safeguard가 해당 문맥('소비자들의 정보를 보호하다, 지키다')에서는 최선의 어휘 선택일 수 있지만 일반적으로 널리 사용되는 범용 동사가 아니라는 점이 문제의 시작입니다. 보통은 protect나 'keep ~ safe'와 같이 표현하지요. 영자 신문 또는 뉴스에서는 최적화된 어휘가 사용되는 것을 볼 수 있는데, 이 말을 달리 해석하면 "딱 여기 밖에 못쓴다."라는 말이겠죠.

다음 문장은 운동 관련 기사의 일부 내용입니다.

"Distracting yourself with music, video, or even virtual reality can also lessen discomfort."

"음악, 영상, 가상 현실 등으로 주위를 환기시키면 운동할 때 힘든 게 줄어들 수 있다."

lessen 역시 마찬가지입니다. '부정적인 것의 강도 또는 영향을 줄이다, 감소시키다'라는 의미를 가진 동사인데, 매우 전문적인 내용을 이야기할 때 사용되는 동사이지요. 일반적으로 원어민은 make you feel better 정도로 표현하는 것을 볼 수 있습니다.

저는 바로 이 부분이 '양날의 검'이라는 생각이 듭니다. 좀 더 교양 있게 쓰여진 글을 읽을 때의 정서적, 심리적, 지적 만족감이라는 것이 있지요. 이 부분을 절대 무시할 수는 없습니다. 그럼에도 제가 '친구와의 일상 대화조차도 기자처럼 말하는 우리'라고 한 이유는 학습자의 상당수가 가벼운 자리와 대화에서조차 위와 같은 어휘를 선택하고 뉴스에서나 들을 수 있는 복잡한 문형으로 표현하고 있기 때문입니다.

넌 대체 몇 년째 영어 공부를 하고 있는 거니?

결국 '언어 격식register'을 일관성 있게 지켜줄 때 자연스러운 표현이 가능하고 구어체와 문어체를 자유롭게 왔다 갔다 할 수 있습니다. ✼

논리적이지 않아
그래서 너무나 자연스럽게 들려

넷플릭스 시리즈인 〈Workin' Moms〉를 보면, 주인공 Anne이 산부인과에서
진료를 받는 장면이 나오며 Anne이 의사 선생님에게 다음과 같이 묻습니다.

"What's happening? I've got something, right?"
"무슨 일이죠? 몸에 이상 있는 거죠?"

이에 대해 의사 선생님은 다음과 같이 답합니다.

"Anne, you're pregnant."
"앤, 임신입니다."

몸에 이상이 있다는 것을 "I've got something."이라고 표현한 것을 볼

수 있는데요. 우리말 표현법 '몸에 이상이 있다'를 영어로 옮기게 될 경우 something must be wrong 또는 what's wrong 정도로 표현할 수 있겠지만, 구어체에서는 우리말 표현 그대로 영어로 옮길 경우 십중팔구 어색하게 들리게 됩니다. 한국인이 구어체 영어를 학습할 때 가장 큰 어려움을 겪는 부분이 바로 논리적 흐름에 따라 단어를 옮기니 원어민이 일상에서 사용하는 '구어체 표현colloquial과 완전히 다른 모양이 되더라.'하는 점이지요. 이 때문에 여기저기서 다음과 같은 하소연이 들려옵니다.

"내 영어는 뭔가 어색해. 원어민 필이 안 나고, 촌스럽고……."

구어체 영어의 특징을 '논리적이지 않아. 그래서 너무나 자연스럽게 들려.'라고 정해 보았습니다. 이 책을 읽고 있는 독자 중 상당수는 일상 속에서 자연스럽게 영어를 익히지 않고 주로 글text을 통해서 영어를 학습하신 분일 것입니다. 다음과 같이 말씀드리고 싶습니다.

"글을 통한 영어 학습이 어색한 내 영어를 만들었다."

한 마디로 일상 대화체에서 사용되는 자연스러운 표현법을 많이 접해보지 못했기 때문에 고급지게 보이지만 사실은 매우 어색한 영어를 하고 있는 것입니다. 다수의 우리는 단 한 번도 구어체 영어를 체계적으로 학습한 적이 없으며 미드 등을 즐겨보는 사람들조차 그때그때 감으로 넘기며 어렴풋이 짐작만 하고 넘어갈 뿐, 구어체에서 사용되는 '수많은 표현'과 '구어체다운 문형'을 체계적으로 익힌 적이 없지요.

문어체 영어는 잘 다듬어진 문형, 정제된 어휘 선택 그리고 논리 정연한 말들로 구성되어 있습니다. 다수의 학습자는 이러한 정제된 글 속에 등장한 표현법에만 익숙해진 나머지 원어민과의 일상 대화에서조차 신문 기사체처럼 말하면서 '내 영어 어때? 제법 근사하지?' 속으로 이렇게 생각합니다.

매우 솔직히 말씀드려볼까요? 이러한 증상은 학교 다닐 때 공부를 잘한 학생, 소위 명문대를 나온 분이 더 심하다는 걸 느낍니다. 그도 그럴 것이 공교육에서 사용하는 영어책과 독해 지문을 워낙 충실히 학습하다 보니, 내가 사용하는 영어도 그런 문체를 벗어나기 힘든 겁니다. 하지만 원어민은 속으로 "Your English sounds a little unnatural. (네 영어가 좀 부자연스러워.)"라고 말하고 있을 겁니다.

몇 가지 대표적인 사례를 볼까요? "까먹고 지갑을 안 가지고 온 것 같아."라는 한글을 단어 대 단어로 영작해 보면 "I think I forgot to bring my wallet."이 되겠지만, 원어민은 to bring과 같이 세세하게 표현하지 않는 것을 볼 수 있습니다. "I think I forgot my wallet."이라는 문장이 일상에서 그들이 사용하는 표현법인데요. 영화 〈나 홀로 집에Home Alone〉를 보면 주인공 Kevin의 엄마가 다음과 같이 말합니다. "We forgot Kevin!(까먹고 Kevin을 안 데리고 왔네!)" 논리적으로만 보면 "We forgot to bring Kevin."이지만, 실제 표현법과는 거리가 있습니다.

"어제 있었던 일은 미안해."라는 경우 역시 "Sorry about yesterday."라고 표현하는 것이 일상생활 속에서 영미인의 보편적인 표현법임에도 다수의 한국 학습자는 이를 논리적으로만 대입한 결과 "Sorry about what happened yesterday."라고만 표현하는 것을 보게 됩니다. (틀린 표현은 아닙니다.)

"서울은 물가가 너무 비싸."라는 말을 영어로 어떻게 표현하시겠어요?

- The cost of living is considerable in Seoul. (문어체 표현 방식)

- Seoul is expensive. (구어체 표현 방식)

the cost of living은 설명문이나 기사, 도시 간의 물가를 비교한 도표 등에서 사용될 때 자연스러운 것이지 일상생활 속에서 이렇게 표현하는 원어민을 찾아 보기는 힘듭니다. 대부분 "Seoul is expensive."라고 하지요. '논리적이지 않아. 그래서 자연스럽게 들려.'에 정확히 부합하는 사례라고 생각되는데, 여러분 생각은 어떠신가요?

구어체 영어는 자세히 설명하지 않습니다. 우리말도 마찬가지죠. "너 왜 이렇게 늦었어?"라는 말에 "차가 장난이 아니더라고."라고 하지, "교통 체증이 너무 심해."라고 표현하는 사람은 소수에 그칠 겁니다.

"What kept you so long?(왜 이렇게 늦었어?)"이라는 말에 "Traffic was terrible." 또는 "Traffic was so bad."라고 하는 것이 일상 속에서 마주하게 되는 원어민식 표현법입니다. "I got stuck in a traffic jam on my way." 이런 식으로 상세하게 이야기하면 오히려 더 어색하게 들린답니다.

어쩌면 이 모든 것이 효율성을 중시하는 구어체의 결과물일 수 있습니다. 바삐 돌아가는 일상 속에서 어떻게 일일이 조목조목 표현하겠습니까?

우리는 자율 주행차 시대에 살고 있습니다. 완벽하지는 않다 해도 많이 발전한 것은 분명한 사실인데요. 캐나다 토론토에 거주하는 어떤 한국 분이 반자율 주행차를 운전하고 있는 매형(캐나디인)에게 다음과 같이 물었답니다.

"자동 모드로 하면 혹시 빨간 불에서 알아서 서나요?"

그러자 캐나디인 매형이 다음과 같이 답했답니다.

"아직 기술이 거기까지 발전되지는 않은 것 같아."

이때 논리적인 단어 배열은 "The technology isn't advanced that much." 이겠지만 캐나디인 매형은 "We are not there yet."이라고 하더랍니다. 직역하자면 "우리가 아직 거기까지는 못 갔다."와 같겠죠.

몇 가지 사례를 더 공유해 보겠습니다. '영업시간'은 논리적으로만 본다면 business hours나 operating hours라고 하는 게 맞겠지만, 일상생활에서 이런 단어를 사용하는 원어민은 거의 없습니다. 그냥 "What are your hours?(영업시간이 어떻게 되나요?)"라고 합니다.

구어체에서는 우리말 단어를 하나하나 영어로 옮기면 어색하게 들리는 경우가 대부분입니다. 다음은 저와 콘텐츠 작업을 하고 있는 Melina 선생님이 친구에게 보낸 카톡 내용의 일부입니다.

"I am not sure about their hours, so we'd better call before we head over there.(그 집 영업시간을 잘 모르겠네. 출발하기 전에 전화해 보는 게 낫겠어.)"

'식당'이라는 단어도 마찬가지입니다. 우리말도 "이 집 새로 생긴 집이네. 먹을 만한 거 있나 한번 보자."라고 해서 '식당'이라고 하지 않고 '집', '여기' 등과 같이 퉁 쳐서 표현하지 않나요? 영어에서도 "This place is brand new. Let's see if they have anything good to eat.(이 집 새로 생겼네. 먹을 만한 거 있나 한번 보자.)"이라고 하거든요.

한국인이 가장 흔히 하는 실수 하나가 있는데, condition이라는 단어와 관련이 있습니다. "한국 경제 상황이 좋지 않다."를 "The economic condition

넌 대체 몇 년째 영어 공부를 하고 있는 거니?

of Korea is so bad."라고 표현하는 학습자를 종종 봅니다. 이는 대표적인 브로큰 잉글리시입니다. "아니, '상황'이니까 condition이라고 한 건데 뭐가 문제야?"라고 할 수도 있겠지요. 하지만 원어민은 "The Korean economy is in bad shape."라고 표현하며, in bad shape에 '상황'이라는 의미가 포함되어 있는 셈입니다.

몇 가지 실 사례를 통해 '논리적이지 않아서 더욱 자연스러운' 구어체 영어 특징을 살펴보았습니다. 일상에서의 표현법과 공식적인 글, 발표문, 기사문에서의 표현법은 달라야 합니다. 좀 더 자연스러운 영어를 구사하기 위해서는 구어체 영어의 주요 특징을 꼭 새겨야 합니다.

미드를 보거나 원어민과 대화할 때 위에서 말한 구어체의 특징을 잘 대입해서 유심히 관찰해 보면 머지않아 여러분이 구사하는 영어가 원어민의 그것과 닮아 있을 겁니다. 그리고 그들은 여러분에게 이렇게 말할 겁니다.

"Your English is quite impressive!(영어가 정말 인상적입니다!)"

Nick 선생님이 써 주신 "한국인의 영어는 너무 디테일해서 어색하다."라는 글을 공유해 봅니다.

One thing I've noticed teaching Koreans is that all too often, in spoken conversations, students will go into far greater detail than is necessary. For example, they might say, "The prices of goods in department stores are too expensive", when "department stores are expensive" will do. Another student was afraid of saying "I'm hot", and would instead be very clear by saying, "It is hot in here."

I think this comes from a fear of being misunderstood. Language learners don't want the listener to have the wrong impression, or to be laughed at for saying something awkwardly. I totally get it. You don't want people to think you're buying department stores, and you don't want to call yourself sexy.

한국인들을 가르치면서 느낀 점 중 하나는 구어체 대화에서 불필요하게 자세히 설명하는 경우가 너무 많다는 점입니다. "백화점의 물건 가격은 너무 비쌉니다."라고 표현하는 것이 대표적인 예인데요. 이때는 그냥 "백화점은 너무 비싸요."로 표현하면 충분합니다. 이런 학생도 있었습니다. "I'm hot."으로 표현하는 걸 주저한 학생이요. 그래서 아주 자세하게 "여기는 너무 더워요."라고 표현한 적도 있습니다. 제가 볼 때 '내 말 뜻을 다르게 알아들을까 봐.'라는 걱정에서 이런 증상이 생기는 것 같습니다. 오해할 수 있는 말을 하거나 어색한 표현을 구사해서 창피한 상황이 생기는 걸 원치 않는 것이겠죠. 너무 이해가 가는 점이기는 합니다. '내가 백화점을 구매한다.'라고 이해할 까봐, '나는 섹시해.'라고 생각할까 봐 자세히 설명하는 것은 잘 알겠습니다.

Nick 선생님 말의 핵심은 일상 대화문에서는 상세하게 표현하지 않는다는 점인데요. 예를 들어 "너무 더워."라고 하면 대부분의 원어민은 "I'm hot."이라고 표현한다고 합니다.

그렇다면 왜 한국 학습자들은 세세히 표현하는 걸까요? 한국어 단어를 하나하나 정직하게 영어로 옮기지 않으면 원어민이 '다른 뜻으로 알아들을까

넌 대체 몇 년째 영어 공부를 하고 있는 거니?

봐(a fear of being misunderstood)' 이런 말하기 습관이 생기지 않았나 하는 것이 저와 Nick 선생님의 생각입니다.

department stores are expensive라고 하면 마치 "백화점 자체가 비싸다." 라는 말로 알아들을까 봐 the prices of goods in department stores라고 표현한다는 것인데 여러분은 어떠신가요? ❋

4장

문법의 양면성

문법에 맞게 말했는데
왜 어색하다는 거지?

사내 통역사로 일할 때 직장인의 영어 구사력을 엿볼 수 있는 기회가 많았습니다. 과장님과 팀장님의 영어에서부터 미국 MBA 과정을 밟은 임원 분까지 실전에서 사용하는 영어를 접할 수 있었죠. 영어를 업으로 하는 사람인지라 듣지 않으려고 해도 들리고 관찰하지 않으려 해도 관찰하게 되더군요. 그중 J 과장님의 영어 스피킹을 바로 옆에서 들으면서 인상 깊게 다가왔던 점 몇 가지를 공유해 보려고 합니다.

사내에서는 '영어 좀 하는 사람'으로 통했던 그였고 업무 처리를 참 기가 막힐 정도로 효율성 있게 하셨던 분이었습니다. 저희는 당시 영국 컨설팅 회사로부터 '리더십 & 안전 컨설팅'을 받고 있었는데 컨설턴트가 미국인뿐만 아니라 영국인, 스코틀랜드인, 호주인, 싱가포르인 등으로 다양해서 익숙하지 않은 발음에 많이 노출되었던 기억이 있습니다. John이라는 60대 중반의 선임 컨설턴트senior consultant가 있었는데 스코틀랜드인이라 그런지 처음에는 저도 악센트와 발음에 적응하는데 애를 좀 먹었습니다.

J 과장님의 업무 가운데 하나는 '컨설팅 코디네이션'이었으며 저와 원어민 컨설턴트들과의 소통이 빈번했습니다. 아무래도 제가 통역사이다 보니 '일반 직장인 중에 영어를 좀 하는 분은 어느 수준일까?' 하며 관심이 많이 갔습니다. 그래서 J 과장님이 구사하는 영어를 '관찰'하게 되었죠. 다음은 J 과장님이 구사했던 영어 표현의 특징입니다.

❶ 문법적인 측면에서 보자면 흠잡을 데 없었으며 어떤 측면에서는 원어민보다 더 엄격하게 문법의 룰을 지켜가며 말한다.

❷ '한국어 표현 = 영어 표현' 방식의 일대일 번역으로 영어 문장을 만들어 말한다.

❸ 지나치게 자세하게 설명하려고 해서 문장이 장황하다는 느낌을 준다.

❹ 하나의 단어나 표현을 계속 반복하는 경향이 있다.

❺ 전치사를 잘 활용하지 못한 나머지 because를 과다하게 사용한다.

문법적인 측면에서는 문제가 없다 해도 실제로는 매우 어색하게 들리는 경우가 너무 많다는 점, 독자 여러분도 인지하고 있으실 겁니다. 여러 가지 복합적인 원인이 있겠지만 하나 확실한 점은 '영어와 한국어는 완전히 다른 두 개의 언어'라는 점을 인정하고 시작하는 것이 좋겠다는 생각입니다.

나름 '영어 좀 하는 사람'으로 통했던 J 과장님뿐만 아니라 문법에 맞게 말했는데 어색하기만한 한국 학습자의 영어, 무엇이 문제인지 지금부터 하나하나 말씀드려 보겠습니다.

넌 대체 몇 년째 영어 공부를 하고 있는 거니?

1. 지나치게 상세하게 표현하려는 습관

한국말에 있는 모든 단어를 영어로 옮기면 어색한 영어 표현이 만들어지게 됩니다. 상대가 내 말을 다르게 알아들을까봐 지나치게 자세히 설명하는 것이겠죠. 하지만 실제 대화에서는 90까지만 이야기해도 100을 알아듣는 것이 언어 소통이지 않겠어요?

"제가 영어 실력을 키우고 싶은데요. 제일 좋은 방법은 무엇일까요?"

J 과장님은 문장에 있는 한국어 표현 하나하나를 전부 영어로 옮기려다 보니 위의 문장에서 '영어 실력을 키우다'를 improve my English skills로 표현합니다. 하지만 원어민은 그냥 improve my English라고 합니다.

한국 학습자의 영어에는 system, situation, condition, issue 등과 같은 명사가 자주 등장합니다. 이 역시 과도하게 자세히 표현하려는 것의 결과입니다. 예를 들어 "서울 대중교통은 정말 편리하다."라고 할 때 "The public transportation system in Seoul is really convenient."와 같이 표현하는 것을 볼 수 있는데 원어민은 "Seoul's public transportation is great."로 표현합니다.

issue 역시 우리가 과다하게 사용하는 영어 단어입니다. 한국어에서 쓰는 '~의 문제'라는 표현을 영어에서도 그대로 옮기다 보니 "The issue of housing prices is becoming a serious problem.(주택 가격 문제가 심각한 문제가 되고 있어요.)"이라고 말하게 됩니다. 하지만 원어민은 "Rising housing prices are becoming a serious problem."으로 표현합니다.

'주문한 음식', '주문한 음료' 등의 한국어를 the food I ordered, the drink I ordered라고 표현하지 않습니다. 원어민은 그냥 our order 또는 what I ordered라고 하지요. '이직율이 높다.'라는 말 역시 원어민은 "Turnover is quite high."라고 표현하는 반면 우리는 "The rate of turnover is high." 또는 "The turnover rate is quite high."라고 하지요.

지나치게 상세한 기술이 자연스럽지 않은 표현을 만들 수 있습니다.

2. 한국어 표현을 일대일로 매칭하면 어색한 영어가 만들어진다

"English and Korean couldn't be more different. Word order, sentence structure, perspectives, and so on - these are all reasons you shouldn't be translating word for word."

"영어와 한국어는 너무 다른 언어이다. 단어 배열 순서, 문장 구조, 상황을 보는 관점 등 말이다. 일대일 번역을 해서는 안 되는 이유이다."

Nick 선생님이 한국인 학습자들에게 꼭 부탁하고 싶은 말이라고 합니다. 문법에는 맞지만 어색하게 들리는 결정적인 이유가 바로 일대일로 단어와 표현을 옮기려는 행위 때문인데 우리가 극복하기 가장 어려운 부분입니다.

영어로 말을 하고 글을 쓴다는 것은 해당 상황과 문맥에서 그들이 자주 쓰는 표현을 가져다 쓰는 것이지 내가 창의적으로 영작을 하는 행위가 아니지 않겠어요? 특히 영어에서의 관용적 표현의 경우 일대일 번역을 하면 정말 어색한 표현이 만들어집니다.

넌 대체 몇 년째 영어 공부를 하고 있는 거니?

'문맥 의존도가 높은 표현context-sensitive expressions'의 경우 '한국어 단어 =
영어 단어'가 절대로 성립하지 않습니다. 예를 들어 우리말 표현의 '~가 진리
다', '~가 답이다'에 해당하는 영어 표현을 사전 또는 구글 검색을 통해서는
찾을 수가 없습니다.

"옷 색상을 무엇으로 할까?"를 고민하는 친구에게 "블랙이 진리지."라고
하는 경우, "치킨이랑 맥주는 진리지!"라고 하는 경우, 날씨 좋은 곳으로 여행
가고 싶은 친구에게 "그럼 볼 것도 없이 샌디에이고에 가야지."라고 하는 경
우, 이 세 개의 맥락 모두에서 원어민이 쓰는 정해진 표현을 들어 봤어야 하
며, 그걸 떠올릴 수 있어야 합니다. 위의 세 문장을 원어민은 다음과 같이 표
현합니다.

- You can't go wrong with black.

  블랙이 진리지.

- Chicken and beer. You can't go wrong with that!

  치킨이랑 맥주는 진리지!

- You can't go wrong with San Diego.

  그럼 볼 것도 없이 샌디에이고에 가야지.

이렇듯 그들이 특정 맥락에서 늘 사용하는 관용 표현이 있음에도 내 마음
대로 영작을 해서 "Black is always suitable."이라고 해 버리게 되면 우선 못 알
아들을 수가 있고, 알아듣는다 해도 "참 특이하게 표현하네."라는 반응이겠죠.

3. 반복해서 말하는 습관

A: I'm too tired to cook.

너무 피곤해서 요리 못하겠어.

B: Well, you don't have to. We have leftovers from Saturday.

음…… 안 해도 돼. 토요일에 먹다 남은 거 있거든.

위의 대화를 눈으로 볼 때는 아무런 느낌이 없습니다. "그래서 뭐?"라는 반응이 예상되는군요. 그런데 한국인 학습자의 영어 스피킹을 옆에서 들어 보면 대화 상대가 어떤 말을 하면, 대답할 때 앞에서 언급된 동사를 또 한 번 말하는 습관이 있습니다. 위 대화 상황에서 한국인이라면 상대가 "I'm too tired to cook."이라고 말했을 때, "You don't have to cook."이라고 cook을 또 한 번 말한다는 것이죠. 이 부분은 열의 일곱이 그런 것 같습니다.

'상대의 말에 대꾸할 때는 조동사 또는 be동사 다음에 일반 동사를 말하지 않는다.'는 생각보다 훨씬 중요한 말하기 습관이랍니다. 왜냐하면 이런 표현을 해야 할 상황이 거의 매일 생기니까요. 다음 예시 대화들을 보겠습니다.

A: Your English is so fluent! Have you ever lived outside of Korea?

영어가 정말 유창하군요. 해외에 거주하신 적 있나요?

B: No, I haven't.

아니요. 한 적 없어요.

넌 대체 몇 년째 영어 공부를 하고 있는 거니?

A: Do you think you can make it to the team dinner tonight?

오늘 저녁에 회식 올 수 있어요?

B: I'm afraid I can't.

못 갈 것 같아요.

A: Have you booked a hotel yet?

호텔 예약은 한 거야?

B: No, I haven't.

아니 못했어.

세 가지 예시 모두에서 한국 학습자의 경우 "No, I haven't lived outside of Korea.", "I'm afraid I can't attend the team dinner.", "No, I haven't booked a hotel yet."으로 표현하는 것을 볼 수 있었는데, 이는 원어민의 말하기 방식과 너무나 다릅니다.

"저는 꼭 필요한 경우가 아니면 야근은 안 해요."에 해당하는 원어민식 문장 역시 "I never stay late unless I really have to."랍니다.

4. 전치사 활용이 서툴다

J 과장님의 경우 because를 지나치게 자주 사용하는 영어를 구사했습니다. 그때마다 저는 "왜 우리는 because를 남발할까?"에 대한 궁금증이 생기기 시작했으며 "원어민은 전치사로 표현할 때 우리는 because로 표현하기 때문이

구나."라는 결론에 이르렀습니다.

한번은 J 과장님이 "여드름 때문에 놀림 많이 당했지요."라는 말을 "My friends always teased me because I had acne on my face."라고 했습니다. 하지만 해당 문맥에서 원어민은 다음과 같이 표현합니다.

"I would get picked on all the time for my acne."

얼마 전 Nick 선생님이 마트에서 "Are you just interested in that toothpaste for its package?(포장이 예뻐서 저 치약 사려는 건가요?)"라고 하시더군요. 이 문장에서 '포장이 예뻐서'라는 의미로 쓰인 for야말로 한국 학습자가 전혀 사용하지 못하는 전치사입니다. 눈으로 보고 귀로 들을 때는 다 아는 듯합니다. 하지만 이런 용례의 for를 제대로 쓰는 분들을 거의 보지 못했으며 대부분은 because of로 표현합니다.

5. 「something[anything] + 형용사」와 같이 두루뭉술한 표현법과 친해져야 한다

다음 한글 문장을 영어로 원어민스럽게 어떻게 표현할까요?

- 저는 중고 물건 구매하는데 거부감이 없어요.
- 나한테 비싼 거 안 사줘도 돼.
- (여자친구와 길을 걷다 새로 생긴 식당을 발견하고는) 안에 들어가서 맛있는 거 있는 지 한 번 보고 올게.
- A: 이 TV는 최신기능이 다 들어 있습니다. 가격은 500만 원이고요.

넌 대체 몇 년째 영어 공부를 하고 있는 거니?

B: 음. 저는 딱 기본적인 기능만 있으면 됩니다. 조금 더 저렴한 거 있을
    까요?

• 그 사람에게는 뭔가 특별한 매력이 있어.

• I don't mind buying something second-hand.

• You don't have to get me anything expensive.

• I am gonna go in and check out their menu to see if they have
  anything good.

• A: This TV has all the latest features. It costs 5 million won.

  B: Well, I really just want something basic. Do you have anything
     a bit cheaper?

• There is something attractive about him.

영어 학습자들과 영어로 대화하면서 느낀 점 중 하나가 「something
[anything] + 형용사」 표현법에 익숙하지 않다는 점입니다. J 과장님도 마찬
가지였고요. 그런데 이 표현법과 친하지 않다는 사실조차 인지하지 못하는
분이 많더군요. 위의 문장을 대부분 다음과 같이 표현하더란 말입니다.

'중고'는 second-hand products, '비싼 것'은 expensive items, '맛있는 거'
는 delicious food, '기본적인 기능'은 basic features와 같이 말입니다. '특별한
매력'은 아예 영어 표현을 떠올리지 못하더군요.

그렇다면 이와 같은 표현법의 한계는 무엇일까요? 예를 들어 '중고'라

고 하면 옷이 될 수도, 자동차가 될 수도, 가전제품이 될 수도 있지 않겠어요? 그럼에도 「second-hand + 명사」로의 표현법을 고수하게 되면 명사 자리에 products, items, cars, clothes, electronics 등과 같이 상황 별로 단어를 달리 가져가야 됩니다. 이에 반해 자동차, 옷, 가전제품과 같이 구체적인 대상을 이야기하는 것이 아닌 '중고'라는 포괄적인 대상을 나타내는 경우에는 something second-hand와 같이 표현해야 하는 것이죠. 원어민이 이와 같이 표현하는 것을 알고 있음에도 우리는 아직 습관이 안 되어 있는 셈입니다.

6. 단편적인 문법 지식이 내 영어를 어색하게 만든다

'교통수단을 by로 표현한다'는 단편적 문법 지식으로 인한 어색한 영어 문장 몇 가지를 살펴보겠습니다.

- I went to San Francisco by boat. (한국식 영어 표현)

  I took the ferry to San Francisco. (원어민식 영어 표현)

- I went to Busan by bus. (한국식 영어 표현)

  I took a bus to Busan. (원어민식 영어 표현)

- I went to Yeosu by car. (한국식 영어 표현)

  I drove to Yeosu. (원어민식 영어 표현)

- I went to Gangneung by airplane. (한국식 영어 표현)

  I flew to Gangneung. (원어민식 영어 표현)

이처럼 '~를 타고 ~에 가다'라고 할 때 원어민식 영어에서는 「take + 교통 수단 + to 장소」로 표현되는 것이 일반적입니다. 뿐만 아니라 '차로 가다', '비 행기로 가다'라고 할 때는 「drive to + 장소」, 「fly to + 장소」로 표현합니다.

지금까지 문법과 어법에 충실한 문장이라 하더라도 실제 대화에서는 어 색하게 들릴 수 있는 표현 방식을 살펴보았습니다. 엄밀히 말하면 문법에 맞 게 표현하는 것은 생각보다 어렵지 않습니다. 표준화된 문법 지식을 익혀서 대입하면 되니까요. 하지만 원어민의 실제 표현 방식에 익숙해지는 것은 단 편적인 문법 지식 그 이상을 요구합니다.

본 책을 통해 평소 내가 말하는 영어가 그들의 귀에 '자연스럽게 들리는 가'에 대해 생각해 보고, 제가 공유해 드리는 여러 가지 '관찰 포인트'를 잘 숙지해 두었다가 영어 공부를 하면서 필요할 때마다 떠올려 보시길 바랍니 다. ❄

여기 말하기 영문법을 소개합니다

인풋input(독해 및 청취)이 아닌 아웃풋output(스피킹 및 라이팅)을 위한 문법 학습은 크게 두 가지 측면에서 접근할 수 있습니다.

❶ 눈에 보이고 귀에 들리는 기능적 문법 실수를 줄여 나가는 연습
❷ 기능적인 문법 지식을 넘어 원어민식 표현법으로까지 연결시키는 문법

이 두 가지 중 두 번째, '어떻게 하면 내가 알고 있는 문법 지식을 원어민식 표현법으로 연결시킬 것인가?'에 집중해야 합니다.

사실 이 부분에 대해서는 어떤 책, 어떤 영어 선생님, 어떤 영어 교육 서비스업체도 뾰족한 해법을 제시하지 못하고 있는 것 같습니다. "영어에 왕도는 없다. 많이 듣고, 많이 보고, 많이 따라해서 익숙해지는 수밖에 없다."라는 어쩌면 진부한 이야기만 오가곤 하지요.

여기에서는 '영어로 말 잘하기'에 필요한 말하기 영문법 중 핵심적인 관찰 내용 몇 가지를 공유해 보겠습니다.

1. 'to부정사 결과적 용법'을 못쓰니 「very, so, too + 형용사」를 남발하게 된다

다음은 가방에 대한 고객 리뷰에서 발췌한 문장입니다.

"This bag is not big enough to fit my laptop."

"이 가방이 너무 작아서 제 노트북이 안 들어가요."라는 문장입니다. 이 문장에 대해 다수의 한국 학습자는 다음과 같이 표현합니다.

"This bag is very small, so I can't fit my laptop."

화자의 의도가 "제 가방에 들어가기에는 작다."임에도 very small이라고 표현하면 과장되게 들립니다. "너~무 작아요. 안 들어가요." 이런 뉘앙스로 들리며 말이 점잖지 못합니다. 때로는 아이가 하는 말처럼 들리기도 합니다. 이것이 바로 정제된 뉘앙스를 살릴 수 있는 'to부정사의 결과적 용법'이 더 늦기 전에 내 입에서 나오도록 해야 할 이유입니다. 다음 문장을 한번 보시죠.

• I think your cookies are good enough to sell.
네가 만든 쿠키 너무 맛있다. 이 정도면 팔아도 되겠어.

'to부정사의 결과적 용법'이라는 문법이 실제 말하기에 고스란히 적용되는 순간입니다. 다른 말이 필요 없습니다. 영어로 말하다 보면 이와 같은 패턴을 써야 할 일이 너무도 많습니다.

2. 왜 내 영어에는 because가 많을까?

because는 한국인이 가장 애정을 가진 영어 단어 중 하나일 것입니다. 하지만 좋은 것도 적당히 써야죠! 더군다나 원어민이 because를 한 번 쓸 때 우리는 네다섯 번을 쓴다는 건 '내가 하는 영어와 그들의 영어가 다르다.'라는 방증일 것입니다.

원어민은 이유나 원인을 전치사 for나 from으로 표현합니다. 맛있는 맥주로 유명한 헝가리의 부다페스트에서 오랫동안 거주한 후 최근 다시 고향인 미국 네바다로 온 한 미국인이 "내가 부다페스트에 오래 살아서 그런가? 네바다 맥주는 맛이 별로네."라는 의미로 다음과 같이 말하더군요.

"Maybe I am spoiled from living in Budapest."

이 문장에서 보듯 '부다페스트에 살았기 때문에(원인)'를 표현할 때 from을 쓰는 것을 볼 수 있습니다. from으로 이유를 표현한 다른 예시를 보겠습니다.

- I have a terrible hangover from drinking too much last night.
  어제 밤에 술을 너무 마셨더니 숙취가 장난이 아니야.

다음은 이유나 원인을 for로 표현한 예시입니다.

- I bought this car for its appearance.

  모양이 예뻐서 샀어.

- They are closed for remodeling.

  리모델링 때문에 지금 그 가게 영업 안 해.

영어 스피킹은 무작정 연습만 한다고 해서 늘지 않습니다. 특히 중급 단계에서는 더욱더 그렇습니다. 내가 구사하는 영어 문장의 어순과 구조, 전반적인 틀, 전치사 사용 빈도 등을 원어민의 문장과 섬세하게 비교해 봄으로써 내가 약한 부분과 내가 채워야 할 것을 정확히 알고 연습하면 효과는 배가 될 것입니다.

우리가 because를 남발하는 이유 중 하나는 '가정법'으로의 표현이 서툴기 때문입니다. 우리가 사용하는 영어에는 직설적인 표현이 많습니다. 원어민이 if절로 표현할 때 우리는 because로 표현하지요. 하지만 원어민은 다음과 같은 상황에서 가정법을 사용합니다.

❶ 이유나 원인, 고마움, 감사함 등을 표현할 때
❷ 아쉬움, 후회, 답답함을 표현할 때

"네가 남자라서 이해를 못하는 거야."를 영어로 어떻게 말할까요?
이럴 때 우리는 because you are a man이라는 표현법에 익숙합니다. 하지만 다수의 원어민은 "If you were a woman, you would understand."라고 합니다. because가 틀렸다는 것이 아니라 이런 상황과 맥락에서는 if를 써서 완곡하게 표현하는 경우가 많다는 것이죠.

"너무 비싸서 안 살래요."를 우리는 "It is too expensive, so I am not going to buy it." 원어민은 "If it were cheaper, I would buy it"이라고 말합니다.

if절이 맞고 because가 틀렸다는 말이 아닙니다. 상황과 의도에 따라 직설적으로 쏘아붙이고 싶으면 because를, 에둘러 표현하고 싶을 때는 if를 쓸 줄 알아야 함에도 우리는 시도 때도 없이 직설적인 표현을 만드는 because를 쓴다는 점을 기억해야 합니다.

"선생님 덕분에 제가 중심을 잡을 수 있었어요."라는 고마움의 표시 역시 '가정법 과거완료'를 사용해 "If it weren't for you, I would have been lost." 라고 점잖고 예의 바르게 감사를 표시합니다.

이처럼 if에 대한 기능적 문법인 '가정법 과거는 현재 사실의 반대, 가정법 과거완료는 과거 사실과 반대'라는 것을 아는 것만으로는 영어로 말을 잘하기 힘듭니다. 문법에 대한 논리적인 이해는 영어 말하기의 필요조건 그 이상도 이하도 아니니까요.

아쉬움이나 속상함, 답답함, 후회를 표현할 때에도 'if 가정법' 또는 'I wish 가정법'을 씁니다.

다음 대화는 넷플릭스 드라마 〈에밀리 파리에 가다Emily in Paris〉의 한 장면으로 얼마 전 파리 사무실에서 근무를 하게 된 주인공 에밀리가 시카고에 있는 상사와 나누는 대화입니다.

넌 대체 몇 년째 영어 공부를 하고 있는 거니?

에밀리 상사: Hey, how is Paris?

에밀리: Good. It's such a beautiful city. Can't wait for you to be here.

에밀리 상사: I'm jealous. I wish I was there with you already.

위 대화에서 보면 마지막에 에밀리의 상사가 "샘이 나네. 나도 마음은 이미 거기에 있어.(아쉽다, 속상하다는 뉘앙스)"라는 표현을 "I wish I was there with you already."라고 표현하는군요. 이와 같은 상황에서 다수의 한국 학습자는 "I really want to be there with you."와 같이 표현하는 것을 볼 수 있는데, 위의 상황에 사용하게 되면 자칫 아이 같이childish 들릴 수 있습니다.

오랜 시간 함께 일했던 영국인 Mark가 저에게 다음 영어 문장이 담긴 이메일을 보냈습니다.

"I wish we had more time, but I'm afraid we need a decision by Friday."

"시간적인 여유가 있으면 좋겠지만, 금요일까지는 결정을 해 주셔야 할 것 같습니다."

"I wish we had more time……." 최대한 상대방 기분을 배려한 표현이지요.

3. 감각동사(feel, look, seem, sound), 몰라서 못 쓰는 것이 아니라 습관이 안 돼서 못쓰고 있다

우리는 feel이라는 동사의 주어를 거의 대부분 '사람'으로 잡습니다. I feel tired, I feel sick, I am not feeling well today처럼 말이죠. 그런데 feel의 주어가 it 또는 사물이 되어야 하는 경우도 많습니다. 예를 들어 BMW에서 출시된 신차 시승을 한 사람이 "핸들링이 너무 부드러웠고 엔진도 힘이 넘치더라고."라는 말을 한다면 당연히 the handling과 the engine이 주어가 되어야 하지 않겠어요? 다음처럼 말이죠.

"The handling felt smooth. The engine felt powerful."

감각동사 feel이 입에 붙지 않은 학습자의 경우 felt 자리에 be동사만 고집하는 것을 볼 수 있습니다. 하지만 원어민은 feel을 사용하여 "아직 날씨가 완연한 가을 같지는 않군."이라고 할 때 "It doesn't feel like autumn yet."이라고 하며 "보스한테 연봉 올려 달라는 이야기하는 건 참 불편하거든." 역시 "It feels uncomfortable to ask your boss for a raise."라고 표현합니다. 이 점을 잘 인지하고 있다가 앞으로 원어민이 말하는 것을 유심히 들어 보면 "아, 이런 점은 내가 생각도 못했구나." 싶을 겁니다.

seem 동사 역시 우리의 관심을 받지 못하고 있습니다. '전반적인 느낌', '종합적인 판단'을 seem으로 표현할 수 있습니다. 다음 예시를 한번 보시죠.

- He seems nice.

  그 분 사람 좋아 보여.

- Paris seems like a big city.

  파리가 보기에는 큰 도시 같지.

- He seems interested in buying a car.

  보니까 남편이 차 사고 싶어하는 것 같아요.

위 세 문장 모두 최근 원어민과의 대화에서 들을 수 있었습니다. '과연 나라면 위의 문장에서처럼 seem을 쓸 수 있을까'를 생각해 보세요.

4. 동명사 주어, 이젠 입에 붙어야 한다

우리는 생각보다 동명사 주어 구문 활용에 익숙하지 않습니다. 하지만 동명사 주어는 분명한 효용성을 가지고 있습니다. 우선 동명사 주어를 사용하면 문장이 간결해집니다. 다음 예시들을 한번 보시죠.

- "Firing him isn't gonna change the culture here."

  "그 교수를 자른다 해도 우리학과의 문화는 바뀌지 않을 겁니다."

  (넷플릭스 드라마 〈The Chair〉 중에서)

- "For Netflix, producing their own content is most important."

  "넷플릭스 입장에서는 자체 콘텐츠 생산이 가장 중요한 문제입니다."

  (〈CBS Evening News〉에서 발췌)

- "Getting the test will put you at ease."

  "검사 받고 나면 마음이 놓일 거야."

  (코로나를 의심하는 친구에게 미국인이 하는 말)

어떠신가요? 이미 동명사 주어로의 표현에 익숙한 분도 있을 겁니다. 하지만 아직 습관이 안 된 분은 조금은 서둘러 동명사 주어로 말하는 연습을 할 필요가 있습니다.

위 문장의 한글을 영작해보라고 한다면 상당수 한국 학습자는 '이 교수를 자른다 해도'를 even if, '자체 콘텐츠 생산이 가장 중요하다'를 It is most important to produce their own content, '검사 받고 나면'을 If you get the test 등으로 표현했을 겁니다. 모두 '동명사 주어 잡기' 습관이 안 되어 있어서 그런 것이니 부단히 연습해야 합니다.

동명사에 대해 한 가지 더 말씀드리면 동명사 주어는 도치되는 경향이 있습니다. 그래서 "그동안 함께 일할 수 있어서 참 좋았습니다."를 "It was a great pleasure working with you."로 표현하고, "세탁기 없이 지내는 게 정말 불편했습니다."의 원래 영어 문장은 "Living without a washing machine has been really inconvenient"이지만, 도치해서 "It's been really inconvenient living without a washing machine."이라고 표현하는 경우가 많습니다.

5. 이유를 나타내는 'It ~ that 강조 구문'

'It ~ that 강조 구문'에는 하나의 비밀이 숨어 있습니다. 바로 '이유'를 강조할 때 이 구문을 쓰는 경우가 거의 대부분이라는 점이죠. 다음 우리말을 영어로 어떻게 표현하는 지 한번 볼까요.

• 그 친구 태도 때문에 정말 화가 나는 거야.

넌 대체 몇 년째 영어 공부를 하고 있는 거니?

- 여자친구 가족 때문에 저희가 헤어졌죠.
- (그 음식점) 음식 때문이 아니야. 분위기가 좋아서 그렇게 인기가 많은 거라니까."

- It is his attitude that really pisses me off.
- It was (actually) her family that made us break up.
- It isn't the food that makes the place popular; it's the vibe.

'~때문에'라는 말을 because로 표현하지 않았지요. because 대신 'It ~ that 강조 구문'으로 '이유'를 표현하면 원어민스러운 표현법에 한 발 더 다가 설 수 있답니다.

6. 명사절로 표현해야 자연스럽게 들린다

우리말 표현의 "이런 어려움이 있을 거라곤 미처 생각하지 못했다.(이렇게 힘들 줄은 몰랐다.)"에 해당하는 영어 관용 표현이 있습니다. 연애를 하건, 사업을 하건 시작할 시점에는 '이렇게 힘들 줄, 이렇게 예상과 다를 줄은 미처 몰랐 다.'라고 할 때 자주 쓰는 표현입니다.

"I didn't know what I was getting into.(나는 내가 어떤 상황으로 들어가고 있는지 를 몰랐다.)"

동일한 상황에서 한국학습자는 "I didn't expect all these difficulties." 등 으로 표현하는 것을 볼 수 있습니다. 자연스러운 영어 문장으로 소통하기 위해서는 단일 명사로의 표현보다 명사절로 풀어 쓰는 습관을 길러야 합니다. 다음은 화장품 관련 블로그에서 마주한 문장입니다.

"Don't just go for what's expensive or popular."
"무조건 비싼 것, 사람들이 많이 쓰는 것만 선택하지 마세요."

이 문장 역시 명사절을 써서 표현하는 것을 볼 수 있습니다. 한국 학습자의 경우 expensive products or popular products로 표현하는 경우가 많습니다.

우리는 오랫동안 '한국어 명사 = 영어 명사'로 영작해 왔습니다. 하지만 한국어 명사가 영어로는 명사절로 표현되는 경우가 너무 많습니다. "제 연봉을 알고 싶으세요?"의 경우 "Do you want to know how much I make?"라는 표현법이 "Do you want to know my salary?" 보다 훨씬 자연스럽게 들립니다. "그 빵집이 우리 회사와 가까워."라는 문장 역시 "The bakery is close to where I work."라는 문장이 "The bakery is close to my company."보다 훨씬 더 자연스럽게 들리고요.

'명사절로 풀어 써야 자연스럽게 들린다'에 대해서는 본 책의 5장 마지막 부분에서 좀 더 자세한 설명을 드리도록 하겠습니다.

7. 지시대명사(it, that, this) 주어는 선택이 아닌 필수다

예전 회식 자리에서 Barbara라는 미국인 컨설턴트가 저에게 다음과 같은 말을 건넸습니다.

"술 마실 때는 중간중간 물을 두 컵씩 드세요. 그래야 다음날 숙취가 없어요."

위 말을 영어로 할 때 "다음날 숙취가 없어요."를 한국인 학습자의 말하기 습관에 비추어보면 "You won't get a hangover the next day."라고 예상해 볼 수 있겠지만, Barbara는 다음과 같이 표현했습니다.

"Between alcoholic drinks, you should have two cups of water. That will keep you from getting a hangover the next day."

왜 you라고 하지 않고 that이라는 주어로 표현할까요?

'중간중간 물을 마시면 숙취가 안 생긴다.' 즉 '물을 마시는 것'이 하고자 하는 말이니 이것을 that으로 받아 온 것이죠. 앞 문장을 that 또는 it으로 받아서 뒷문장을 시작하는 습관이야 말로 원어민식 영어로 가는 핵심 중의 핵심입니다.

"You shouldn't wear that shirt. It makes you look like a nerd."

원어민이 저에게 한 말인데요. "그 셔츠 입지마세요. 샌님nerd처럼 보인단 말이에요."라는 의미입니다. 말의 의도가 "그 셔츠가 당신을 샌님같아 보이게 한다."이니 주어는 you가 아닌 it이 되어야 합니다.

거의 모든 문장의 주어를 사람으로 잡는 학생이 너무 많습니다. 자신도 인지는 하고 있지만 결국 오랜 시간 내 몸에 배인 습관을 떨치기가 힘든 법이죠.

넷플릭스 드라마 〈The Chair〉 시청 중에도 방금 소개해드린 '지시대명사 주어'를 너무나 선명하게 보여주는 문장을 마주했습니다.

젊고 유능한 흑인 여교수인 Yaz McKay 교수의 종신 임용 문제를 두고 학과장인 주인공(Ji-Yoon Kim)과 노교수(Elliot Rentz) 사이에 신경전이 벌어집니다. 학과장은 젊은 흑인 여교수인 Yaz McKay가 학생들 사이에서 인기가 뜨겁고 트위터 팔로워가 8천 명이 넘는다는 점을 적극 부각시키면서 Yaz McKay 교수가 종신 임용tenure을 보장받아야 한다는 점을 어필해 보지만 고루한 마인드를 가진 그리고 과거의 영광에 젖어 있는 노교수는 불편한 심기를 드러내게 됩니다. 다음은 해당 장면의 대화 내용입니다.

> Ji-Yoon Kim: She has over 8,000 followers on Twitter. That's more than all of us put together.
>> Yaz McKay 교수의 트위터 팔로워가 8천명이 넘어요. 저희들(다른 교수들) 다 합친 것 보다 많다고요!
>
> Elliot Rentz: Jesus only had 12 followers. I suppose that makes him a loser.
>> 예수님 제자는 겨우 12명이었는데, 그렇게 따지면 예수님은 루저겠군요.

"그렇게 따지면 예수님은 루저겠군요."라는 의미로 "That makes him a loser."라고 표현하는 것을 볼 수 있습니다.

'왜 내가 하는 영어는 뭔가 원어민 영어와 다르고 촌스러울까.'라고 느끼는 학습자는 지시대명사 주어로 말하는 습관을 들여 놓으면 '원어민 필'이 나는 영어를 할 수 있게 됩니다.

넌 대체 몇 년째 영어 공부를 하고 있는 거니?

최근에 유튜브 영상 하나를 보았는데요. 한국 남성과 결혼한 미국 여성이 시어머니가 미국에 보내준 여러 가지 한국 간식거리 중 쥐포를 들고는 다음과 같은 말을 합니다.

"This is the stinkiest thing in the world besides mackerel. You know when you grill mackerel on the stove, it makes the whole house smell like fish."

"쥐포는 고등어 다음으로 냄새가 고약해. 스토브에 고등어를 구우면 집안 전체에 생선 냄새가 나잖아."

한국 말은 '집안 전체에 생선 냄새가 난다.'라는 어순이지만 영어로는 "그것이 집안 전체를 생선 냄새가 나게 만든다."이죠.

원어민이 이러한 어순으로 말을 하는 이유는 말의 강조점(중요한 정보)이 when you grill mackerel on the stove에 있기 때문입니다. when 절을 it 또는 that으로 받아서 뒤의 문장을 시작하는 습관이 몸에 배어 있는 것이죠.

다들 영국 프리미어리그 토트넘에서 활약중인 손흥민 선수 좋아하시죠? 그의 동료이자 꿀케미를 자랑하는 해리 케인Harry Kane이라는 선수가 있는데요. 지난 시즌 어느 경기에서 해리 케인 선수가 전반 5분 28초에 골을 넣으면서 팀이 일찌감치 앞서 나가기 시작한 상황이었습니다. 당시 영국 캐스터는 이렇게 말합니다.

"Harry Kane scored at 5:28 in the first half and that put them ahead early on."

"헤리 케인 선수가 전반 5분 28초 만에 골을 성공시킴으로써 팀이 일찌감치 앞서 나가는군요."(early on은 '일찌감치'라는 뜻입니다.)

영미인이 내뱉는 수많은 문장이 이러한 구조와 어순으로 이루어져 있습니다. 조금 과장해서 지시대명사(it, that, this) 주어만 잘 써도 여러분들의 영어 스피킹 고민이 일거에 해소될 것입니다.

복습 차원에서 다음 다섯 문장을 영작해 보시겠습니까?

① 저희가 인테리어를 바꿨는데도, (매장) 분위기가 그대로예요.
② 제 친구가 최근에 미국에 2주 있었거든요. 그 바람에 수면패턴이 엉망이 되었지요.
③ (나) 셔츠 넣어 입으면 조금 더 말라 보여?
④ 네가 거짓말하면 나 상처를 받는단 말이야.
⑤ (줌에서는) 말하는 사람이 큰 화면에 보입니다.

① We remodeled the whole interior, but that still didn't change the atmosphere.
② My friend just spent 2 weeks in the U.S., and that totally (completely) messed up her sleep schedule.

③ Does it make me look skinnier when I tuck in my shirt?

④ It really hurts my feelings when you lie to me.

⑤ When someone is speaking, it puts them on the big screen.

문법 꼭 알아야 할까?

흔히들 '영어 공부'하면 문법이나 단어 암기 등을 떠올립니다.

"선생님, 그래도 문법은 알아야 되겠죠?"

"문법책은 뭐 보면 좋을까요? 원서로 된 건 와닿지를 않아서……."

특목고 입시 학원에서 함께 근무했던 영어 선생님들은 아직도 가끔 저에게 문법 질문을 합니다.

"쌤, 이 때 to부정사는 '목적을 나타내는 것'이라고 설명하는 것이 맞을까요? 아니면 '결과적 용법'으로 설명해 줘야 할까요? 학교에서는 '목적'이라고 했대요. 제가 볼 땐 결과적 용법인데……."

한국인의 문법에 대한 일종의 집착. 먼저 몇 가지 생각해 볼 거리를 던져보겠습니다.

· 영어 공부를 하는데 있어서 애당초 문법은 왜 필요했을까?

넌 대체 몇 년째 영어 공부를 하고 있는 거니?

- 문법을 왜 그토록 중요시하게 되었을까?
- 그렇다면 영어를 잘 하는 데 있어서 문법은 절대적인 요소일까?"

우리의 문법 중시 풍조의 가장 큰 원인은 '중·고등학교 교과 과정'에서 찾을 수 있습니다. 말하기와 듣기가 중심에 있는 교과 과정이 아닌 읽기(독해)가 1순위가 된 커리큘럼이잖아요. 그렇다면 어떤 글을 읽나요? 아카데믹한 글을 읽겠죠. 아카데믹한 글에 등장하는 문장의 주요 특징은 '수식이 많다'는 것이며 바로 이 수식의 문제에서 모든 것이 시작됩니다.

독해 지문을 보면 관계사가 선행사를 꾸며 주고, 명사와 관계사절 안에 삽입절이라는 녀석이 들어가며, 강조의 효과를 내려고 문장이 도치되기도 합니다. 단순한 원급 비교 역시 as와 as 사이에 부사나 형용사 하나만 있는 것이 아닌, 또 다른 정보가 끼어들게 되며 분사 구문이라는 친구가 문장에 멋을 더해 주기도 합니다. 지시대명사가 가리키는 정보가 무엇인지 헷갈리는 경우도 있어서인지 시험에서도 '지시대명사가 가리키는 문장을 찾으시오.'가 등장합니다.

이러한 길고 복잡한 문장을 해석하기 위해서는 구조에 대한 논리적이고 이론적인 설명이 가미되어야 합니다. 앞서 수차례 말씀드린 것처럼 우리는 영어라는 언어를 자연적 습득이 아닌 논리와 이해를 기반으로 한 학습을 했습니다. 더군다나 독해 지문의 문장은 길고 복잡하기 때문에 형태와 틀을 설명하기 위해 이론적 용어가 필요할 것이고 이에 대한 시각적·논리적 이해가 불가피합니다. 그렇다면 독해 지문으로 대표되는 문어체와 비교해서 구어체 영어는 어떤가요?

우선, 문장이 짧습니다. 그리고 짧은 개별 문장을 끊임없이 등위 접속사 (and, but, so)로 연결시킵니다. 독해 지문에서 자주 볼 수 있는 관계사 사용 빈도가 현저하게 낮으며, 분사 구문 역시 간단한 형태 외에는 거의 볼 수 없습니다.

도치 역시 "So am I.", "Neither do I." 정도의 짧은 답에서 들을 수 있는 희귀한 친구들입니다. 그럼에도 문법 시간에는 '부정어 도치구문'이라고 해서 never, hardly, seldom, scarcely 등이 문두에 위치할 경우 문장이 도치되어 'Never have I ever seen that much snow before.'와 같이 표현된다고 배웁니다. 제가 20년 이상 원어민을 만나며 이런 식의 문장을 실제로 사용하는 분은 말투가 특이한 경우를 빼곤 본 적이 없습니다. 부사절을 나타내는 접속사들 (as, now that, whereas, although) 역시 일상생활 영어에서는 생각보다 자주 등장하지 않습니다.

앞서 말씀드린 것처럼 구어체 영어에서는 부사절 대신 거의 다 and, but, so로 연결하니 since, even though 등을 쓸 일이 상대적으로 줄어들지요. 어느 정도 예를 갖춘 자리에서는 이러한 부사절 사용 빈도가 높을 수 있지만 일상에서는 생각보다 자주 쓰지 않습니다.

우리나라 학습자들은 '있어 보이는 영어'에 대한 일종의 강박과 환상이 있는 것 같습니다. 영어 회화 동아리에서 내 옆에 있는 미숙 씨가 분사 구문으로 문장을 시작하면 "우와, 나는 머리로만 아는 건데, 대단하세요. 정말 영어 잘하시네요."라는 반응을 보입니다.

만일 A라는 사람이 분사 구문으로 어떤 문장을 말할 경우 그의 다른 영어 문장도 일관성 있게 고급스러워야 합니다. 그렇지 않으면 특정 문장만 튀게 들립니다.

문법 공부에 대한 답은 나왔습니다. 독해 지문의 해석이나 토익 파트 5 그리고 아이엘츠 라이팅 고득점을 위해서는 문법 학습과 지식의 효용성이 극대화됩니다. 뿐만 아니라 훗날 특허, 법, 의료를 비롯한 전공 서적을 영어로 읽을 때, 즉 나에게 영어가 '인풋input'이 주를 이루거나 이와 같은 행위를 주로 하는 분들에게는 문법 지식이 10을 투자해 100을 얻는 효과를 가진다고 봅니다.

하지만 원어민 친구와 자유롭게 일상 이야기를 해야 하며 회사 업무 상 영어로의 신속한 소통이 필요한 직장인의 경우에는 문법 지식이 잘 해야 본전이고, 까닥 잘못하면 내 영어의 큰 짐이 되며 내 영어를 어색하게 들리게 하는 방해 요소가 됩니다.

실제 말하기에서는 「선행사 + 관계사」 등과 같은 수식의 형태가 거의 없고, 학교나 학원에서 그토록 강조한 접속사와 연결어(nevertheless, as a result, furthermore, likewise, conversely, by contrast) 사용 빈도가 현격히 낮습니다. (실제 일상적인 말하기에서 이와 같은 연결어를 써 보시면 원어민의 표정이 굳어질 겁니다). 그리고 대조를 나타내는 while 또는 whereas, 양보의 뜻을 지닌 even though 등으로 대표되는 부사절 접속사를 쓸 일도 생각만큼 많지 않습니다. 그럼에도 말하기에 서조차 관계사로 대표되는 지나친 수식, 아카데믹한 글쓰기에나 어울릴 법한 현란한 연결어의 남발, 등위 접속사로 표현하는 것이 더 자연스럽게 들림에도 억지스러운 부사절로 말하는 습관, 이 세가지 요소가 원어민의 귀에 내 영어를 어색하게 만들고 있습니다.

그렇다면 문법 공부는 해야 할까요? 안 해도 그뿐 인 것일까요?

결론부터 이야기하면 제가 말려도, 군이 안 해도 된다고 해도, 다수의 독자분은 '그래도 문법은 필요하다'고 생각할 것이며, 자신의 필요(업무상 공식적인 문서를 읽을 일이 많다, 영어 능력 평가 시험에서 서둘러 고득점을 따야 한다, 원어민과 스피킹보다 글로 소통할 일이 더 많다 등)에 따라 결정할 일이라고 생각합니다. 다만 과다한 문법 지식이 영어로 말을 할 때 내 영어를 되려 어색하게 들리도록 만들 수 있다는 점을 매우 경계해야 합니다.

'관계사(관계대명사, 관계부사) 사용을 자제하고, 한 문장을 짧게 하고, 뒤의 정보는 등위 접속사(and, but, so)로 이어간다.', '꼭 필요한 경우가 아니면 부사절 사용을 자제한다.'와 같은 점을 기억하면서 자신이 영어로 발화할 때 의식적으로 이 부분을 체크해야 합니다. 아니면 원어민 회화 수업 시 이런 부분을 집중적으로 알려 달라고 요청해 두어야 합니다. 그렇지 않으면 원어민 상대가 '저 사람은 말도 TED 연설처럼 한다.'라고 생각할 테니까요. ✳

넌 대체 몇 년째 영어 공부를 하고 있는 거니?

5장

네이티브 영어,
이제는 나도 한다

무엇이 브로큰 잉글리시를 만드는가

장거리 연애를 하는 경우 '롱디'라는 말을 쓰고는 하는데 '롱디'의 정확한 영어 표현은 무엇일까요? long-distance relationship입니다. "저희는 롱디 커플입니다."라고 하면 "We are in a long-distance relationship."이라고 표현하면 됩니다. 이렇듯 외래어 차용 과정에서 줄임말식 표현법으로 인해 생겨난 어색한 영어 표현을 쉽게 볼 수 있습니다. SNS도 마찬가지인데요. social media가 정확한 영어 표현입니다.

브로큰 잉글리시를 한마디로 정의하기는 쉽지 않지만 본 책에서는 그 범위를 넓게 보고자 합니다. '표현 방식 자체의 다름', '주어를 잡는 방식의 차이', '어색한 어휘 선택', '완곡어법 표현에 익숙하지 않아서 생긴 과장된 말투' 등을 모두 브로큰 잉글리시의 범주에 포함시켜 설명 드리고자 합니다.

'브로큰 잉글리시'라고 하면 대부분 '어색한 영어 표현(단어)을 말하는 것'이라고 생각할 겁니다. 예를 들어 cunning(올바른 영어: cheating), air con(올바른 영어:

air conditioner), service(올바른 영어: on the house) 등을 떠올릴 겁니다.

다음은 한국인이 자주 사용하는 브로큰 잉글리시입니다.

브로큰 잉글리시	올바른 영어 표현
notebook	laptop
spec	qualifications or credentials
earphones	headphones
contact lens	contacts
handle	steering wheel
mixer	blender
consent	outlet
AS center	service center
remote con	remote
gibs	cast
mug cup	mug
one-room	studio apartment
short pants	shorts

위와 같이 단순한 표현의 차이에서 비롯되는 브로큰 잉글리시의 경우는 마음먹고 덤비면 금방 고칠 수가 있습니다. 제가 여러분에게 강조하고 싶은 부분은 사고의 차이나 현상을 바라보는 시각의 차이 등에서 비롯되는 '문형 자체의 다름'과 이로 인해 발생하는 브로큰 잉글리시입니다. 문법과 어법에는 맞지만 어색하게 들린다는 말은 영어를 제2언어second language로 학습하는 대다수 한국인에게 어쩌면 평생 안고 가야 하는 숙제일 것입니다.

언어라는 것은 본디 특정 사회의 문화가 담겨 있는 그릇이기에 '영어식

넌 대체 몇 년째 영어 공부를 하고 있는 거니?

사고'라는 제목 하에 공식 암기하듯 외운다고 해서 하루아침에 원어민식 영어를 기대하는 건 불가능하겠죠? 그럼에도 불구하고 브로큰 잉글리시를 최소화하고 최대한 원어민이 표현하는 방식으로 영어를 하기 위해 필요한 관찰 포인트를 공유해 보겠습니다.

무엇이 브로큰 잉글리시를 만들어 낼까요? 다음 여섯 가지로 요약해 볼 수 있습니다.

❶ 표현 방식 자체가 아예 다른 언어

❷ 맥락context에 기반한 영작이 아닌 단어의 모양을 영작

❸ 같은 상황을 다른 시각에서 바라보는 사고의 차이와 이로 인한 주어의 차이

❹ '단어 대 단어word for word'로 번역하는 습관으로 인한 어색한 영어 표현

❺ 부적절하고 잘못된 어휘 선택

❻ 완곡어법이 발달한 영어에 익숙하지 않아서 생기는 과장 어법

1. 표현 방식 자체가 아예 다른 언어

우리는 "남대문이 열렸네."라고 하죠. 그런데 이 말을 원어민은 "Your zipper is down.(지퍼가 내려갔네요.)"이라고 합니다. 이 무슨 다름의 극치입니까? '달라도 이렇게 다를 수 있나!' 하는 생각마저 드는군요. 이 영어 문장을 처음 들었을 때 신선한 충격을 받았던 기억이 납니다.

"아, 아예 다른 언어구나. 이점을 항상 기억하면서 영어 공부를 해야겠구나." 하고 다짐했었습니다.

물론 "Your fly is open.(남대문 열렸다.)"이라고 표현하는 원어민도 있습니다. 그럼에도 다수의 그들은 "Your zipper is down."이라고 하더군요.

얼마 전 한 학생과 '곱창'에 대해 영어로 대화할 기회가 있었습니다. "한국인 만이 곱창 맛을 알죠."라는 말을 영어로 표현하고 싶었던 그는 "Only Koreans can appreciate the taste of Gopchang."과 같이 표현했습니다. 하지만 이 문장은 마치 "한국인만 곱창 맛을 알거든요. 당신들은 몰라요!"라는 엉뚱한 뜻이 되어 버립니다. 이럴 때 원어민은 "You have to be Korean to really appreciate Gopchang."이라고 표현합니다. 바로 이런 점이 브로큰 잉글리시가 생겨나는 가장 큰 이유이며, 영어를 잘하려면 꼭 극복해야 할 부분입니다.

경기를 망친 한 운동선수는 다음과 같이 말합니다.

"제가 이 정도는 아닌데……."

원어민은 다음과 같이 표현합니다.

"I'm usually better than this."

표현 방식 자체가 완전히 다른 언어라는 점을 극명하게 보여 주는 사례입니다.

2. 맥락context에 기반한 영작이 아닌 단어의 모양을 영작

'누구에게 얼마를 빚지고 있다', '얼마를 갚아야 한다'라는 의미를 지닌 owe라는 영어 단어가 있습니다. 다음 한글 문장을 볼까요?

"다음 수업에서는 푸시업push-up 20회 하셔야 합니다."

넌 대체 몇 년째 영어 공부를 하고 있는 거니?

트레이너 분이 오늘 세션에서 운동을 열심히 하지 못한 회원에게 하는 말입니다. 한글 문장 그대로 영어로 옮기게 되면 "You have to do 20 push-ups in our next session." 정도가 됩니다. 하지만 해당 문맥에서 말의 의도는 "오늘 못한 푸시업 다음 시간에 만회해야 합니다."이지요. 따라서 "You owe me 20 push-ups in our next session."이라는 문장이 말의 의도를 좀 더 정확히 전달하게 됩니다. 한국어 어디에도 '빚지고 있다'라는 표현이 보이지 않지만 말의 의도를 옮길 경우 owe라는 동사가 살아나는 것이죠. 다음의 한글도 한 번 보겠습니다.

"모델로 성공하려면 얼굴만 예뻐서는 안 된다."

이 문장 역시 '모델로의 성공은 얼굴 그 이상을 필요로 한다'는 맥락에서 해석이 이루어져야 원어민의 문장과 흡사하게 표현할 수 있습니다. '얼굴만 예뻐서는'이라는 말의 모양에 얽매이면 문법에만 맞는 영어에 머무를 수밖에 없지요. 해당 한국어의 올바른 영어 표현은 "It takes more than just a pretty face to become a successful model."입니다.

3. 같은 상황을 다른 시각에서 바라보는 사고 및 관점의 차이, 이로 인한 주어의 차이

남녀 관계에 있어서 한국어 표현법은 "네가 날 떠나려는 것 같은 기분이 들어."인 반면 영어 표현법은 "I feel like I am losing you.(내가 너를 잃고 있는 것 같아.)"입니다. 영어 문장만 보고 있으면 해석은 어렵지 않지만, 우리말 논리와 정반대인 이런 식의 영어 표현법이 우리에겐 가장 큰 골칫거리입니다.

줌 회의를 하다가 신호가 불안정해서 Jeff가 하는 말이 안 들릴 경우 원어민은 "I think we lost him."이라고 표현합니다. 이걸 우리말식으로 옮기면 "그가 사라졌어.(He disappeared.)" 정도로 표현되겠지요.

다음 우리말식 표현과 영어식 표현을 비교해 봅시다.

- (친구와의 통화에서) 소리가 잘 안 들려.
- (수업 중에 교사가) 어디에서 이해를 못한 거지?
- (수업 중 학생이) 제가 이 부분에서 이해를 못했습니다.

- I am losing you. Can you go somewhere with better reception?

  잘 안 들려. 신호가 잘 잡히는데 가서 해 볼래?

- Where did I lose you?

  어디에서 이해를 못하신 거죠?

- You lost me when you started talking about statistics. Could you explain one more time?

  통계 이야기를 시작할 때 제가 이해를 잘 못했어요. 한 번만 더 설명해 주시겠어요?

통화를 하다가 상대방의 말이 잘 안 들릴 때 "내가 너를 잃고 있어."라고 표현하는 것을 볼 수 있고, 수업 중에 선생님이 어떤 개념을 설명하다가 학생들에게 "내가 어느 부분에서 너희들을 놓친 거지?(Where did I lose you?)"라고 표현합니다. "보니까 너희들 ○○부분에서 이해를 못했구나."라고 할 때도 "It

넌 대체 몇 년째 영어 공부를 하고 있는 거니?

looks like I lost you at ○○"으로 표현합니다.

같은 상황에서 학생의 입장에서는 "You lost me when~" 또는 "You lost me at~" 이라고 표현합니다. "선생님이 ○○을 설명할 때 저를 잃었어요."라는 논리인 셈이죠. 이는 "어제 술집에서 (내가) 지갑을 잃어버렸다."를 "I lost my wallet at the bar last night."라고 하는 것과 본질적으로 같습니다.

〈에밀리 파리에 가다Emily in Paris〉에서는 다음과 같은 장면이 나옵니다. 최근 자기 이름으로 식당을 오픈한 가브리엘과 주인공 에밀리의 대화입니다.

> 가브리엘: Antoine here backed me up in a restaurant in Paris.
>> Antoine이 식당 오픈 자금을 대줬어.
>
> 에밀리: That's fantastic! I'm so proud of you. I guess that explains why you didn't want our money.
>> 멋지다. 너무 자랑스럽다. 그래서 우리 회사가 투자하겠다는 걸 마다했구나.

에밀리 대사에서 that explains why라는 표현을 볼 수 있습니다. 우리라면 now I get it 또는 now I understand로 표현했을 겁니다. 둘 다 맞는 영어 표현이지만 화자의 의도 즉, '그 상황이 이유를 설명한다'가 주어를 결정하는 것이지요.

엄마가 아들에게 무엇을 시켰는데, 아들이 이를 정확하게 이해하지 못한 듯하니 다음과 같이 말합니다.

"Am I making myself clear?"

우리말식 표현은 "엄마가 하는 말 이해한 거 맞지?"이고 영어 문장에서의 의도는 "내가 정확히, 분명히 설명하고 있는 거지?"입니다. 자신이 명확하게 설명을 못 한 것 같은 느낌이 들자 사실상 자기 자신에게 하는 말인 셈이죠. 따라서 "Do you understand?"가 아닌 "Am I making myself clear?"가 되는 것입니다. 뭐가 맞고 뭐가 틀리다가 아닌 '의도의 차이가 주어의 차이'를 만든다는 말이 정확하겠습니다.

"거스름돈은 놔 두세요."라는 의미의 "Keep the change."라는 표현 들어 보셨나요? 한국어 표현 "놔 두세요."는 "안 주셔도 됩니다."라는 의미일 텐데, 영미인은 이걸 "그냥 가지세요."라고 생각하나 봅니다(냉정히 말하면 우리말도 같은 논리입니다). 그러니 "Keep the change."가 되는 것이죠.

4. '단어 대 단어word for word'로 번역하는 습관으로 인한 어색한 영어 표현

영어로 된 글을 읽다가 모르는 용어가 나오자 다음과 같은 말을 합니다.

"구글에서 빨리 찾아볼게요."

이 한글 문장을 '단어 대 단어word for word'로 번역하면 "I will search the word quickly on Google."처럼 하게 되는데, 이렇게 말하면 매우 빠른 속도의 동작을 강조하는 느낌이 듭니다. 원어민은 "I will do a quick search on Google."이라고 하지요.

"나가서 뭐 좀 금방 먹고 오자."라는 문장도 마찬가지입니다. 한국어의 부사에 해당하는 '금방'은 영어에서 형용사로 표현됩니다. "Let's go out and grab a quick bite." 이렇게 말이죠.

넌 대체 몇 년째 영어 공부를 하고 있는 거니?

"저희가 진짜 안 좋게 끝났거든요."라는 문장은 "We had a terrible breakup."입니다. 여기서도 우리말 부사가 영어로는 형용사가 되는군요.

"휴가는 잘 보냈나요?"라는 문장 역시 한국어 품사 부사인 '잘'이 영어로는 형용사가 됩니다. "Did you have a good holiday?"가 맞는 표현법이며 "Did you spend the holiday well?"은 어색한 표현입니다.

- 그 사람 운전 참 거칠게 해.
- 그 분 남의 말을 귀담아 들어.
- Jeff는 캠핑을 정말 열심히 해.

위와 같은 한국어 역시 우리말의 부사가 영어로는 형용사로 표현되는 대표적인 사례입니다. 다음처럼 말이죠.

- He is a reckless driver.
- He is a good listener.
- Jeff is a serious camper.

5. 어휘diction 선택의 실수(부적절하거나 잘못된 단어를 사용)

"저희 회사는 복지가 좋아요."라고 할 때 흔히들 welfare라는 단어를 쓰는 것을 볼 수 있습니다. 하지만 welfare의 경우 국가 단위의 복지를 이야기하는 단어이며 회사에서 제공하는 복지는 benefits 또는 perks가 맞습니다. 그래서

"My company offers nice benefits and perks.(저희 회사는 복지가 상당히 좋아요.)"라고 말해야 합니다.

event 역시나 잘못 사용하면 브로큰 잉글리시가 됩니다. 흔히 '특별한 일'이라고 하면 special event로 표현하는 것을 볼 수 있는데요. 원어민은 special occasions로 표현합니다. "I only wear these glasses on special occasions.(저는 특별한 날에만 이 안경을 씁니다.)" 이렇게 말이죠.

사투리를 영어로 dialect라고 배웠지만, 원어민이 dialect라는 단어를 쓰는 일은 극히 드뭅니다. "남부 사투리 안 쓰시네요."라는 말을 한다면 "You don't have any southern accent."라고 표현하는 경우가 더 일반적입니다. 사투리라고 하면 억양이 될 수도 있고 표현이 될 수도 있는데, 그들은 우리말의 사투리를 '억양'의 개념으로 접근하나 봅니다. 우리가 알고 있는 dialect라는 단어는 오히려 "Academies in Korea largely prefer to teach the American dialect over British ones.(한국 학원에서는 '영국 표현' 보다는 '미국 표현' 중심으로 가르치는 경우가 많습니다.)"와 같은 경우에 사용합니다.

일부 학습자가 오늘 저녁에 약속이 있다는 표현을 "I actually have an appointment tonight."이라고 하는 것을 볼 수 있는데요. appointment의 경우 병원 예약이나 마사지 예약과 같은 좀 더 공식적인 약속을 말하며, 친구나 지인과의 식사 약속 등은 "I actually have plans tonight."이 올바른 표현법입니다. "I have schedule."은 완전히 잘못된 표현입니다.

6. 완곡어법 표현 방식에 서툴러서 생긴 과장 어법

한국 학습자가 내뱉는 영어 표현이 직설적이며 때로는 무례하게 들린다고 합니다. 우리말도 그렇듯이 영어 역시 같은 말이라도 에둘러 해야 상대의 기분을 상하지 않게 할 수 있습니다. 본 책에서는 이런 부분(원래 내가 하려던 말은 이게 아니고 저건데, 영어가 짧아서 의사가 잘못 전달되는 경우)까지도 브로큰 잉글리시의 범주에 넣어 보려고 합니다.

렌트rent와 리스lease의 개념이 헷갈려서 "Isn't 'renting a car' the same as 'leasing a car'?(이 두 개가 같은 거 아닌가요?)"라고 물었는데, "No, they're different. (아니요. 달라요.)"라고 대답한다면 상대를 무안하게 만들 수 있습니다. 상대를 배려하는 완곡어법이 그래서 중요한 것입니다. 특히 공식적인 자리나 비즈니스 상황에서는 생각보다 큰 문제를 야기할 수 있으니까요. 위 대답은 "No, they're not quite the same.(좀 다릅니다.)"과 같은 문장으로 표현하는 것이 좋습니다.

〈오징어 게임〉 봤어요?"라는 질문에 "It was disappointing.(실망이었어요.)" 이라고 하면 '세게' 들리죠. "It wasn't as good as I expected."가 좀 더 톤을 낮춘 표현법입니다.

팀원이 작성한 보고서가 마음에 들지 않는 상사가 최대한 감정을 억누르며 상대를 배려하고자 한다면 "This isn't your best work, Greg. I know you can do better.(자네 이거 보단 더 잘 할 수 있잖아.)"라고 표현하는 것이 좋겠죠.

"좀 도와줘."라고 하는 표현 역시 상대에게 넌지시 도움을 요청하는 식으로 표현할 수 있습니다. 우리가 "누가 좀 도와줬으면 좋겠는데."라고 하듯이 영어에도 "I could use a hand here.(좀 도와주면 좋을텐데.)"라는 표현법이 있습니다.

could use something과 같은 표현을 쓰게 되면 간접적인 요청의 뉘앙스를 줄 수 있습니다. 실제 소주가 무척 마시고 싶은 사람이 "Let's go out for some soju."라고 대놓고 이야기할 수도 있지만 "I could use some soju tonight."이라고 해서 "오늘 소주 한잔하면 딱 좋겠는데."라는 표현 방식을 영미인들도 일상적으로 사용합니다.

"택배 받았지?"라는 표현은 엄마와 딸의 카톡에서 흔히 볼 수 있는 표현법인 반면, "택배가 잘 도착했나 모르겠네요."는 아주 친하지는 않은 사이, 조금은 거리감이 있는 사이에서의 카톡 내용입니다. 영어에서도 마찬가지로 "Did you get my package?"는 친한 친구나 가족 간에 사용하기에 무리 없는 표현법이지만 좀 더 공식적인 상황이나 어느 정도 예의를 갖춰서 표현해야 하는 자리에서는 "I hope my package got there safely."라고 표현하는 것이 적절합니다.

결국 상황과 자리 그리고 화자의 의도가 언어의 톤을 결정하는 셈입니다. 이러한 감각을 기르는 것, 에둘러 말하는 습관을 가지는 것은 자연스럽게 들리는 영어를 구사하기 위한 필수 요소라는 점을 꼭 기억하길 바랍니다. ✳

넌 대체 몇 년째 영어 공부를 하고 있는 거니?

네이티브 영어의 열쇠는
구동사가 쥐고 있다

"Guys, I can't get into the folder. (얘들아, 폴더 접속이 안 돼.)"

그룹 과제를 하던 Jeff가 단톡방에 남긴 말입니다.

"Daniel, I can't get into the book I'm reading. I can't even get past the first chapter, actually. (지금 읽고 있는 책이 재미가 없네요. 1장도 다 못 읽었다니까요.)"

Hailey가 들고 있던 책을 탁자에 내려놓으며 저에게 한 말입니다.

*The Last Thing He Told Me*라는 소설에는 다음과 같은 문장이 나옵니다.

"We were too tired to get into the big stuff. (우리는 너무 피곤해서 심각한 이야기는 못했다.)"

위의 세 가지 예시 모두에서 get into라는 구동사phrasal verbs가 등장합니다. get into가 첫 번째 Jeff의 말에서는 '접속이 안 된다', 두 번째 Hailey의 말에서는 '재미가 붙지 않는다', 세 번째 소설 속 문장에서는 '민감하거나 부담되는 이야기를 하다'로 쓰였습니다.

get into의 의미를 문자 그대로literal 따지자면 '물리적 공간에 어렵게, 힘들게, 아슬아슬하게 들어가다'입니다. "영업시간이 끝나기 전에 겨우 가게에 들어갔다."라는 문장의 경우 원어민은 다음과 같이 표현합니다.

"I barely got into the store before they closed."

get into가 비유적figurative으로 쓰일 경우 "I can't get into the book I am reading."처럼 '책 속으로 들어가려 해도 들어가지지가 않는다.' 즉 '재미를 붙이려고 해도 잘 안 된다.'라는 의미가 됩니다.

민감하거나 중요하고 무거운 이야기를 할 때 역시 get into the big stuff라고 표현하는 것을 볼 수 있습니다. 이렇게 시각적 의미와 비유적 의미 사이의 논리적 개연성이 뚜렷한 get into로 구동사phrasal verbs 이야기를 시작해 보았는데요. 구동사의 기능적 용례와 형태적 분류를 보면 다음과 같습니다.

구동사의 기능적 용례

❶ 방향(공간에서의 이동): ex move over '옆으로 비키다'

❷ 사물이 존재하는 모양이나 상태: ex finish off '남은 음식 등을 다 해치우다'

❸ 비유적 의미: ex '들어가다'의 get into가 '재미를 붙이다'라는 의미로 사용

구동사의 형태적 분류

❶ 「기본 동사 + 부사」: ex get up

❷ 「기본 동사 + 전치사」: ex go over

❸ 「기본 동사 + 부사 + 전치사」: ex pick up on

넌 대체 몇 년째 영어 공부를 하고 있는 거니?

원어민 어린이들은 먼저 시각적 의미로서의 구동사를 습득하게 되며 성장 과정 속에서, 때로는 일상에서, 때로는 책을 통해 비유적 의미를 습득 또는 학습하게 됩니다. 그런데 다수의 우리는 구동사의 본질인 시각적 의미를 건너뛴 채 비유적 의미부터 익힌 경우가 많아서인지 이게 왜 이런 뜻이 되는지 모른 채 단순 암기를 하게 됩니다. 그 결과 동화나 소설 같은 문학 작품을 읽을 때 '이상하게 영자 신문은 웬만큼 읽히는데 애들이 보는 동화는 오히려 어렵게 느껴지네.', '군데군데 해석이 안 되는 부분도 많네. 뭔가 술술 안 읽히고 자꾸 막히는 느낌이 드는 건 뭐지?'라는 느낌이 듭니다.

제가 집필 중인 책의 내용을 본 Nick 선생님이 다음과 같이 말하더군요.

"I really wish they could see what went into this book."

"이 책에 정말 정성이 많이 들어갔다는 길 독자들이 알아주면 좋을 텐데요."라는 말입니다. '엄청나게 많은 노력이나 정성이 들어갔다.'라는 한국어 표현이 영어로는 what went into this book이라고 표현되는 것을 보면서, '단어는 쉽게, 표현은 원어민스럽게'라는 말이 무엇인지를 새삼 깨닫게 됩니다.

어떤 빵집의 케이크가 너무 비싸다고 투덜거리는 Samantha에게 Jeff가 "Well, don't you know what goes into it?(이 케이크에 얼마나 많은 게 들어가는지 알아?)"라고 말하더군요.

위의 예시에 등장하는 go into는 문자 그대로의 의미가 'A가 B라는 공간으로 들어가다'이지만, what went into this book의 경우 비유적인 뜻을 지니고 있습니다. 구동사 학습을 할 때는 이와 같은 순서를 잘 지켜주는 것(시각적 의미를 익힌 후 비유적 의미를 학습)이 아웃풋으로 연결시킬 수 있느냐에 결정적인 역할을 합니다.

pull off라는 구동사의 경우 pull(세게 당기다)이 off(떨어지다)와 결합해서 '세게 당겨서 떼어 내다'라는 의미를 가집니다. 문자 그대로의 의미일 경우 "My feet are swollen. It's really hard to pull off my boots.(발이 부어서 부츠가 안 벗겨진다.)"로 표현됩니다. 기본적으로 '강한 힘을 줘서 떼어 내다'라는 의미인지라 비유적으로 사용될 경우 '소화하기 힘든 의상, 모자, 안경 등을 소화해 내다'라는 의미를 가집니다. 다음 예시처럼 말입니다.

- I love that outfit, but I don't think I could pull it off.
  그 옷이 너무 마음에 들긴 하지만, 소화를 못 할 것 같아.

조금 더 의미를 확장하면, 다음 예시처럼 '쉽지 않은 것을 해내다'라는 의미로도 사용되는 것을 볼 수 있습니다.

- It'll be almost impossible to pull off a victory now. We're twenty points down.
  지금 승리를 따내기는 거의 불가능해. 20점이나 뒤지고 있으니.

우리말의 두루뭉술한 표현이 영어에서는 구동사로 표현됩니다. '조율하다(맞춰보다)', '일이 잘 풀리다', '약속이 깨지다', '남녀관계가 잘 안되다' 이 네 가지 표현의 공통점은 무엇일까요?

넌 대체 몇 년째 영어 공부를 하고 있는 거니?

❶ 한국어에 해당하는 영어 표현을 떠올리기 힘들다.(두루뭉술한 한국어 표현)

❷ 하나의 구동사로 이 모든 표현이 가능하다.

이렇게 두 가지 측면에서 볼 수 있습니다. 저는 직업 특성상 원어민 선생님을 섭외하거나 일정을 조율할 일이 많습니다. 일정 조율 시 자주 등장하는 표현이 work something out입니다. out이라는 부사에는 '매듭과 같이 꼬인 것을 풀다'라는 의미가 내포되어 있기 때문에 work out이 타동사로 쓰일 때는 '까다로운 부분을 조율해서 해결하다', 자동사로 쓰일 때는 '일이나 상황이 잘 풀리다(혹은 풀리지 않다)', '남녀관계가 잘되다(혹은 안되다)', '파트너십이 순조롭게 흘러가다'와 같은 의미를 지니게 됩니다.

일전에 제가 원어민 선생님 구인 공고를 냈더니 한 원어민이 다음과 같은 이메일을 보내왔습니다.

"My availability is as follows. If you're interested in meeting on the weekend or these times don't work for you, we can try to work that out when we meet on Wednesday."

"제가 가능한 시간은 다음과 같습니다. 혹시 주말 수업을 원하거나, 이 시간대가 여의치 않으면 그 부분은 수요일에 만나서 조율했으면 합니다."

마지막 문장에 보면 "이 시간 대가 여의치 않으면, 수요일에 만나서 조율해 보면 좋겠습니다."라고 해서 work something out이라는 구동사를 사용했습니다. 서로 바쁜 스케줄 속에서 일정을 맞추고 조율하는 것은 노력이 필요한 일이지요. 이럴 때 적절한 표현이 work something out입니다.

손흥민 선수의 다큐멘터리 영상에는 다음과 같은 장면이 나옵니다.

기자: Have you considered meeting a man who is an Arsenal fan?

토트넘 팬: That's a tricky question. It's happened. And it doesn't work out.

손흥민 선수의 소속팀은 토트넘이며 아스널은 토트넘의 라이벌입니다. 기자가 토트넘 팬인 한 여성에게 "아스널 팬인 남성과 만나볼 생각한 적 있나요?"라고 하니 이 여성은 "어려운 질문인데요. 만나 본 적은 있습니다. 그런데 잘 안돼요.(만나면 싸우게 되고 금방 헤어지게 된다는 의미)"라고 답한 것입니다. 이 때의 "It doesn't work out."이 바로 사람 간의 관계, 남녀 관계, 파트너 십 등이 '순조롭게 진행되다(혹은 그렇지 못하다)'라고 할 때 사용하는 work out이며 문법적으로는 자동사intransitive verb의 형태를 띱니다.

"숙소 문제가 해결이 안 되면 말해 줘. 우리 집에서 지내면 되니까."라는 문장 역시 work out을 써서 "If things don't work out with your housing, just let me know. You can stay at my place."라고 표현합니다.

구동사가 사용된 문장을 보면 뭔가 좀 더 원어민스럽고 우리가 쓴 문장과는 달라 보이지요. 그들은 특히 일상 대화에서 구동사를 입에 달고 산다고 해도 과언이 아닙니다.

넌 대체 몇 년째 영어 공부를 하고 있는 거니?

앞서 말씀드린 바와 같이 구동사는 시각적 이미지가 담긴 기본 의미를 숙지한 후 비유적으로 사용된 의미를 익히는 것이 맞습니다. 원어민 역시 어릴 때는 시각적 의미로 먼저 익히고 나서, 청소년기 이후에야 비유적 의미를 익히니까요. 그래야 이미지화가 되어서 의미가 또렷이 새겨지게 되고 제대로 활용할 수 있게 됩니다.

다음으로 '넘어가다'라는 뜻을 지닌 move on을 보겠습니다. 우리는 "Let's move on to the next slide.(다음 슬라이드로 넘어갑시다.)"와 같이 주로 문자 그대로의 의미로만 사용하고 있습니다. 다음 예시를 한번 보시죠.

- Sarah's going on a blind date this weekend. I guess she moves on really fast.

  사라가 이번 주말에 소개팅 나간대. 헤어지고는 금방 다른 이성을 만나는 듯.

전 남자친구와 헤어져도 금방 다음 단계, 다음 이성으로 나아간다는 의미로 move on이 쓰였네요.

제가 처음 원어민이 이런 용례의 move on을 쓰는 것을 보았을 때 두 가지 강렬한 깨달음이 있었습니다. 첫 번째, 구동사에 대한 이해와 연습 그리고 적극적인 구사가 없이는 원어민스러운 영어는 꿈도 못 꾸겠구나. 두 번째, 그동안 이런 구동사에 대한 이해가 부족해서 구동사 활용을 제대로 못하니 영어로 표현하는 것이 그렇게도 힘들고 끊임없이 말이 막혔구나.

그렇습니다. 구동사, 원어민스러운 영어 구사력의 열쇠를 쥐고 있습니다.

지금부터는 구동사 몇 개를 선정해 그 용례와 예문을 보겠습니다.

come over

come(가다, 오다) + over(그 쪽으로) = 공간 속에서의 위치 이동

- I will come over.

  내가 그 쪽으로 갈게.

- Move over here.

  이쪽으로 와.

fall down

fall(떨어지다) + down(아래로) = 공간 속에서의 위치 이동

- I fell down and broke my arm.

  바닥에 넘어지는 바람에 팔이 부러졌다.

- What was that noise? It sounded like something fell down.

  무슨 소리지? 뭔가 바닥에 떨어지는 소리가 났어.

fall over

fall(넘어지다) + over(옆으로) = 공간 속에서의 위치 이동

넌 대체 몇 년째 영어 공부를 하고 있는 거니?

- The wine bottle fell over when the waitress bumped into our table.

  웨이트리스가 테이블에 부딪히는 바람에 와인병이 옆으로 넘어졌다.

- Several buildings fell over in the explosion, trapping hundreds in the rubble.

  폭발로 인해 몇몇 건물이 넘어지면서 수백 명이 잔해에 갇히게 되었다.

break off

break(부러지다, 부러뜨리다) + off(분리되다, 떨어져 나가다) = 상태의 변화

- Could you break off a small piece of chocolate for me?

  초콜릿 조금만 떼 줄 수 있어요?

- The handle of my mug broke off and I had to throw it away.

  머그잔 손잡이가 부서지는 바람에 어쩔 수 없이 버렸다.

put down

put(놓다, 두다) + down(아래로) = 공간 속에서의 위치 이동(들고 있던 것을 내려놓다) + 비유적 의미(식당에서 대기 명단에 이름을 걸다, 보증금 등을 걸다)

- Put your pencils down and hand your papers to the front.

  연필 놓고 시험지 앞쪽으로 제출하렴.

- It looks like there are 20 parties ahead of us. Still want to put a name down?

  우리 앞에 스무 팀이 있는 것 같아. 그래도 이름 걸어 두려고?

- I interviewed my grandfather, putting down his stories so that they

  wouldn't be lost to the world.

  할아버지 인터뷰를 했어요. 잊어버리지 않도록 그동안 살아왔던 이야기를 받아 적었어요.

get by

get(이동하다) + by(옆을 지나서) = 공간 속에서의 위치 이동(좁은 공간을 겨우 지나가다) + 비유적 의미(빠듯한 상황에서 근근이 버티다)

- Excuse me, can I get by?

  실례합니다. 좀 지나갈게요.

- Are you really going to park here? Other cars won't be able to get by.

  진짜 여기 주차하려고? 다른 차 못 지나갈 텐데.

- We're just getting by and don't have any money to spare.

  근근이 버티고 있어요. 여윳돈이 없답니다.

get into

get(이동하다) + into(안으로) = 공간 속에서의 위치 이동(안으로 들어가다) + 비유적 의미(폴더, 구글 닥스 등 액세스가 허락된 공간에 접속하다, 들어가다, 어려움 속에서도 ~학교에 입

넌 대체 몇 년째 영어 공부를 하고 있는 거니?

학하다, ~에 대해서 자세히(깊게) 이야기하다, ~에 재미를 붙이려 하다, ~에 홍미가 붙다)

- I got into the store before it started raining.

  비가 본격적으로 내리기 전에 가게 안으로 들어갔다.

- I didn't get into my dream university.

  꼭 가고 싶은 대학에 들어가지 못했어요.

- I can't get into the folder because it's password protected.

  비번이 걸려 있어서 폴더 접속이 안 되네요.

- I never get into my personal life with my boss. If he asks me about it,

  I change the subject immediately.

  저는 상사와는 사생활 이야기를 하지 않아요. 상사가 사생활 관련 질문을 하면 바로

  주제를 바꿉니다.

go through

go(가다) + through(통과하여) = 공간 속에서의 위치 이동 + 비유적 의미(힘든 시

기를 겪다, ~한 변화를 겪다, 과정을 겪다)

- You are breaking up. Are you going through a tunnel?

  소리가 깨져서 들려. 터널 통과하고 있는 거니?

- I'm going through a lot these days

  내가 요즘 이런 저런 일이 많아 힘들어.

pull up

pull(힘을 주어 당기다) + up(위로) = 공간 속에서의 위치 이동(무엇을 힘을 주어 당겨 올리다) + 비유적 의미(휴대폰이나 컴퓨터에 있는 파일이나 앱 등을 불러오다, 화면에 띄우다)

- My 13-month-old son has learned to pull himself up onto the couch.

  13개월 된 제 아기가 소파에 올라가는 방법을 터득했어요.

- Let me pull up Naver maps

  네이버 지도 화면에 띄울게.

come up with

이디엄적 성격의 구동사로 '즉흥적으로, 즉석에서, 아쉬운 대로 무엇(아이디어, 변명 등)을 떠올리다', '냉장고에 있는 재료로 아쉬운 대로 요리를 만들다', '급하게 돈을 마련하다'라는 의미

- I'll look at what we have in the fridge and see what I can come up with for dinner.

  냉장고 한번 보고 뭐 만들어 먹을 수 있을 지 볼게.

- When I ask him why he didn't do his homework, he comes up with a different excuse each time.

  왜 숙제 안 했냐고 물을 때 마다 매번 다른 핑계를 대지.

넌 대체 몇 년째 영어 공부를 하고 있는 거니?

• I will pay you back as soon as I come up with some money.

　돈 마련하는 대로 바로 갚을게.

• I can't come up with a good translation for 'doenjangnam(된장남).'

　'된장남'에 해당하는 좋은 번역이 안 떠오르네.

• A: Are you interested in Minsu?

　　민수한테 관심있니?

　B: Where did you come up with that idea?

　　왜 그렇게 생각하는데?

구동사 표현의 장점에 대한 내용을 간략히 정리하면 다음과 같습니다.

❶ 여기저기 두루두루 쓸 수 있다는 범용성이 있다.(예를 들어 상황별로 다른
　동사를 쓰지 않고 work on 하나로 통합해서 표현할 수 있음)

❷ 시각적인 묘사에는 구동사 외에는 대안이 없다.

❸ 구동사를 많이 알면 원어민의 말이 더 쉽고 정확하게 들리며, 영자 신문을
　읽을 때 해석이 애매한 부분이 매우 선명하게 이해된다.

기본 동사만 잘 써도
내 영어가 자연스러워진다

언젠가 처음 알게 된 원어민에게 저는 "What brought you to Seoul?(서울에는 어떻게 오게 되신 거예요?)"이라고 물었던 적이 있습니다. 그러자 그는 "I'm doing a master's degree here.(석사 과정을 밟고 있어요.)"라고 말하더군요.

초등학교에서 근무하는 원어민 선생님이 교실에서 있었던 일을 말하면서, "No matter how many times I asked them nicely to settle down, they wouldn't listen to me. So I lost it and yelled at them.(제발 좀 돌아다니지 말고 차분하게 있으라고 좋게 말했는데도 안 듣더라고요. 그래서 이성을 잃고 소리를 질러 버렸죠.)"이라고 하십니다.

〈에밀리 파리에 가다Emily in Paris〉를 보다가 "그 많은 걸 다 어떻게 기억해요?"라는 말을 "How do you keep all this in your head?"라고 하는 것을 들었습니다.

10년을 쓴 진공청소기를 바꾸라고 하는 친구에게 Samantha가 "It still

works just fine."이라고 말하더군요. "아직 쓸 만해요."라는 의미입니다.

우리는 과연 위와 같은 상황에서 do, lose, keep, work라는 동사로 표현할 수 있을지를 생각해 보면서 기본 동사 이야기를 시작해 보겠습니다.

말로는 '기본 동사'를 외치지만, 정작 기본 동사로 표현하는 것이 어려운 이유는 무엇일까요? 우선, 학창 시절에 그리고 각종 영어 시험을 준비할 때 주로 접한 자료가 아카데믹한 성격의 글이 많았기 때문입니다. 아카데믹한 영어와 일상 영어의 차이점을 구분해 보면 다음과 같이 설명할 수 있습니다.

❶ 아카데믹한 영어: 해당 텍스트에 가장 적합하고 최적화된 동사 중심

❷ 일상 영어: 가장 적합한 선택지는 아니지만 가장 범용성이 뛰어난 기본 동사
   (get, take, have, make 등) 중심

pursue를 예로 들어 보겠습니다. 소수이긴 하지만 석사 과정을 밟고 있다는 표현을 "I am pursuing my master's degree."라고 하는 학습자를 볼 수 있습니다. 회사에 지원할 때 자신의 이력을 아주 근사하고 무게감 있게 표현하는 문장에서는 어울릴 수 있습니다. 그런 특수한 상황이 아니라면 "I am doing my master's degree."라고 합니다. 그럼에도 공식처럼 pursue one's degree를 암기한 사람은 pursue라는 동사의 '사용역language register'을 무시한 채 일상에서조차 이 단어를 쓰는 것을 볼 수 있습니다. pursue와 같은 동사가 '학위', '꿈', '목표' 등과 무척 어울리는 동사라 하더라도 범용적으로 널리 사용하는 단어는 아닙니다. 매우 제한적인 쓰임새를 지닌 동사이지요.

신문 기사문의 경우 '증감'을 나타낼 때 increase, rise, grow, soar, skyrocket, fall, drop, plummet, plunge 등과 같은 동사를 사용하는 것을 볼 수 있습니다. 하지만 일상 속에서는 위의 동사들보다는 go up, go down과 같은 기본 동사를 이용한 표현법이 일반적이지요. 인플레이션 관련 CBS 뉴스에서 한 미국 시민이 "Prices of things like milk are going up.(우유 같은 제품 가격이 오르고 있습니다.)"이라고 하는 것을 볼 수 있습니다.

우리말에서도 '오르다', '내리다'가 보편적 표현법이고 좀 더 정교한 표현이 필요한 경우에 '인상', '하락', '급등', '폭락'과 같은 단어를 사용합니다.

'수축하다'라는 의미를 지닌 contract라는 동사가 있는데요. 이 동사에는 '바이러스 등에 감염되다'라는 뜻도 있답니다. 다음 예시를 한번 보시죠.

- Not only will just about everyone contract the coronavirus, but we're all likely to be infected multiple times.

  누구나 코로나에 감염될 수 있고, 여러 번 감염될 수도 있습니다.

마치 의사 선생님 또는 질병통제국 대변인의 말 같습니다. 보통의 미국 시민은 get the virus라고 해서 get 동사를 써서 소통합니다. 기본 동사는 여기저기 쓸 수 있지만 contract를 쓸 수 있는 상황은 극히 제한적입니다. 그렇다면 어떤 동사에 집중해야 하는지는 자명해집니다.

앞서 언급한 것처럼 아카데믹한 글에서는 주제(경제, 생물, 정치, 인공 지능, 지구 온난화, 인플레, 산업 동향 등)에 따라 해당 분야에서 사용되는 업계 전문 용어jargon

사용 빈도가 높고, 동사의 경우 기본 동사 보다는 해당 문장에서 가장 이상적이고 정확한 동사를 사용하게 됩니다. 물론 최적화된 동사 선택이 나쁜 것은 아니죠. 하지만 일상에서는 그렇게까지 정교한 어휘로 소통하지 않는다는 점이 문제의 시작인 셈입니다. 다음 한국어 표현을 한번 비교해 볼까요.

- 주가가 폭락했다. vs. 주가가 많이 떨어졌다.
- 이디야가 무인쇄 컵으로 전환하기로 했다. vs. 이디야가 무인쇄 컵으로 바꾸기로 했다.
- 실내 마스크 착용 의무는 유지된다. vs. 실내에서는 계속 마스크를 써야 한다.

우리말 역시 높은 수준의 말과 글에서는 그에 걸맞은 동사를 사용하는 반면 일상 대화에서는 기본 동사를 여기저기에 두루 쓰면서 소통합니다.

'폭락하다'라는 단어가 매우 정교하고 정제된 동사이지만 일상에서는 '많이 떨어졌다'라는 표현이 사용됩니다. '전환하다'보다는 '바꾸다'가, '유지된다'보다는 '계속 써야 한다'가 좀 더 널리 사용되는 표현법이지요.

고급 동사는 정교하게 다듬어진 특징을 가지고 있는 반면 범용성이 매우 낮습니다. 예를 들어 assemble의 경우 '부품 등을 조립하다'라는 용도 외에는 써먹을 데가 없죠. 이에 반해 put together는 조립뿐만 아니라 'A와 B를 한 그룹에 편성하다', 'A와 B를 합치다' '팀을 꾸리다' 등 수많은 상황에서 사용할 수 있다는 장점이 있습니다. 다음 예시도 한번 보겠습니다.

• 계정을 만들다(기본 동사) vs. 계정을 개설하다(계정과 어울리는 제한적인 동사)

이 역시 마찬가지입니다. '만들다'의 한국어 기본 동사는 '계정을 만들다', '빵을 만들다', '모자를 만들다'에서처럼 콜로케이션collocation(궁합이 잘 맞아 같이 붙어 다니는 말)의 영역대가 무한대인 반면, '개설'의 경우 문어체에서 주로 사용되며, 목적어 자리에 올 수 있는 어휘가 매우 제한적입니다. 바로 이 점이 범용성이 뛰어난 기본 동사로의 소통을 연습해야 하는 이유입니다. 다음을 한번 비교해 보시죠.

- Before you can access our online servers, you must create an account.

  저희 온라인 서버에 접속하기 전에 계정을 개설해야 합니다.

- Go ahead and make your own Netflix profile.

  어서 넷플릭스 프로필 만들어.

첫 번째는 OTT 서비스 홈페이지에서 볼 수 있는 문장이고, 두 번째는 친구에게 하는 일상 대화의 문장입니다.

그렇다면 원어민들이 자주 쓰는 기본 동사에는 어떤 것들이 있을까요?

have, get, make, take, bring, give, let, think, guess, try, go, work, see, tell, say, mention, like, put, keep, leave, catch, grab, buy, pick,

넌 대체 몇 년째 영어 공부를 하고 있는 거니?

hold, meet, seem, look, need, feel, sound, hear, mind, hurt, break,
run, move, mean, spare, save, move, head, bother, cost, consider,
notice, realize, lose, handle, require, suit, assume, expect, insist,
admit, post, remember, turn, walk, earn, change, improve, deserve,
finish, close, open

위의 기본 동사들을 제대로만 구사할 수 있다면 더 이상 기본 동사 때문
에 마음 쓸 일은 없을 겁니다. 오늘은 수많은 기본 동사들 가운데 몇 개를 골
라서 '원어민은 하나의 기본 동사로 이렇게 다양한 표현을 하더라.' 하는 관
점에서 살펴보도록 하겠습니다.

try

try 만큼 활용도 만점의 동사가 또 있을까 싶습니다. '새로운 것을 시도하다'
라는 기본적인 의미를 가지고 있는 동사이지요. try를 사용하여 우리말을 영
어로 어떻게 표현하는지 다음 예시를 보시죠.

- 가르마를 한 번 바꿔보시죠?

    ⇒ Why don't you try a part on the other side?

- (매일 같은 식당에서 점심을 먹는 것이 질린 직장인이) 오늘은 다른 데 한 번 가보는
    게 어떨까요?

    ⇒ How about we try somewhere new?

• 삼각지 근처에 새로 생긴 식당이 있는데 한번 가보고 싶었어요.

⇒ There is a new place I've been wanting to try near Samgakji.

• 너 진짜 이 해산물 안 먹을 거야?

⇒ Are you sure you don't want to try this seafood?"

위의 예문에서 보듯 가 보지 않은 곳을 가 보고, 먹어 보지 않은 음식을 먹어 보고, 시도해 보지 않은 경험에 도전해 보는 등 '새로운 것을 시도하다'라는 문맥에서 원어민이 가장 쉽게, 가장 자주 쓰는 동사가 try입니다.

spare

spare라는 동사는 '시간이나 돈을 할애하다'라는 뜻으로도 자주 사용됩니다. 시간을 나타낼 때의 spare는 우리말의 '짬을 내다'와 비슷하게 느껴집니다.

"지금 5분 밖에 시간이 안 되어서요. 죄송한데 짧게 말씀해 주시면 안 될까요?"라고 할 경우 "I've got only 5 minutes to spare. Do you mind keeping it short?"라고 표현합니다. 이 때의 spare는 '바빠서 낼 수 있는 시간이 얼마 없다'라는 뉘앙스를 지니고 있습니다.

돈 이야기를 할 때도 어김없이 등장하는 동사가 spare인데요. "공과금 내고 나면 쓸 돈이 20만 원 밖에 안 남습니다."라고 할 때 역시 spare를 써서 "After paying all my bills, I only have 200,000 won to spare."라고 합니다. 시간과 마찬가지로 재정적인 여유가 많지 않은 느낌을 주게 됩니다.

본사 PR 팀의 원어민에게 다음과 같은 메시지를 보낼 수도 있습니다.

"I was wondering if you could spare some time to discuss marketing. (시간 되시면 잠깐 마케팅 이야기 좀 할 수 있을까요.)"

돈 이야기를 할 때 spend와 spare는 어감 차이가 있습니다. 뭔가 좀 빠듯하고, 여유가 없을 때는 spare가 더 적합한 어휘 선택이 됩니다. 이렇게 유용한 동사 spare를 한국 학습자들은 in your spare time이라고 해서 형용사로만 쓰는 것 같아 아쉽습니다.

deserve

우리는 deserve를 '~을 받을 만하다', '자격이 있다'라는 의미로 외우지만, 막상 원어민 앞에서는 deserve를 쉽게 떠올리지 못하곤 합니다.

deserve라는 동사가 재미있는 것은 "You deserve a vacation. (너 휴가 갈 자격 있어.)"과 같은 긍정적인 내용뿐만 아니라 "I think they got what they deserved. (당해도 싸.)"라는 부정적인 문맥에서도 사용된다는 점이죠.

"네가 아까워. 네가 손해 보는 거야."라고 할 때도 "You deserve better than him; you deserve more than this."라고 표현합니다.

handle

handle 역시 원어민은 잘 쓰고 우리는 못 쓰는 대표적인 기본 동사가 아닐까 합니다. handle은 '버거운 것을 감당하다'라는 의미로 사용되는데 다음과 같은 상황에서 한국어로는 '힘들다'라고 표현되어서인지 학습자들이 handle이라는 동사를 사용할 기회를 놓치더군요. 다음 우리말을 handle을 사용하여 영어로 표현한 예시들을 한번 보시죠.

- 한국 겨울은 너무 추워서 감당이 안 됩니다.

  ⇒ I can't handle Korean winters.
- 매운 한국 음식은 도저히 못 먹겠어요.

  ⇒ I can't handle spicy Korean food.
- 너무 습해서 힘들어요.

  ⇒ I can't handle all this humidity.

grab

grab은 '손으로 움켜쥐다'라는 기본적인 뜻을 가지고 있으며 그 용례는 무궁무진합니다. 다음 예시를 보시죠.

- 저는 옷에 크게 신경을 안 씁니다. 나가는 길에 손에 짚이는 걸 입습니다.

  ⇒ I don't care much about what I wear. I just "grab" something from my closet on my way out.
- 아무데나 앉으세요.

  ⇒ Grab a seat anywhere.
- 퇴근하고 간단하게 맥주 할까 싶은데.

  ⇒ Maybe we could grab a beer after work.
- 들어올 때 우유 좀 사다 주시겠어요?

⇒ On your way in, could you grab some milk?

• 지하철이 끊기면 강남에서는 택시 잡기가 너무 힘들어.

⇒ It's very hard to grab a taxi in Gagnam after the subway shuts down.

• 눈 좀 붙이지 그래?

⇒ Why don't you grab some sleep?

사무실을 찾은 고객에게 "앉으시죠."라고 할 때 가장 일반적인 표현은 have a seat 또는 take a seat이지만, 좀 더 캐주얼한 표현은 grab a seat입니다. 거하게 먹는 것 말고 '간단하게 먹다'라고 할 때도 grab a bite to eat이라고 하지요. '택시를 탄다'는 일반적인 표현은 take a taxi이지만 한국어의 '택시를 잡다'라고 할 때는 grab a taxi가 자연스러운 표현법입니다.

run

'달리다'로 알고 있는 run 역시 알아 두면 너무나도 유용한 동사입니다. 버스나 기차 등이 '특정 노선, 구간으로 운행하다', '얼마 간격으로 운행되다'라는 의미에서부터 컴퓨터를 비롯한 각종 기계, 소프트웨어가 '작동하다'라는 의미로까지 사용됩니다. 뿐만 아니라 어느 기간 동안 '행사가 열린다'라고 할 때도 사용합니다.

• 202번은 배차 간격이 길어.

⇒ The 202 doesn't run all that often.

- 이번 행사는 11월 1일까지 열립니다.

  ⇒ The event will run until November 1st.

- 제 컴퓨터가 비싸지는 않지만 최신 게임을 전부 구동할 수 있어요.

  ⇒ Even though my computer isn't expensive, it can still run all the latest games.

- 윈도우 최신 버전으로 업그레이드한 뒤로 컴퓨터가 느려졌어요.

  ⇒ Since upgrading to the latest version of Windows, my computer doesn't run quite as fast.

넌 대체 몇 년째 영어 공부를 하고 있는 거니?

get, 어디까지 알고 있니?

- You need to get some sleep.

  너 잠 좀 자야 되겠어.

- You need to get some exercise.

  너 진짜 운동 좀 해야 돼.

위의 두 문장에서 왜 "You need to sleep."이나 "You need to exercise."라고 하지 않았을까요?"

일반적인 상황에서의 '잠을 자다'는 sleep이지만, 바쁘거나 불면증 등으로 인해 잠을 이루지 못하는 사람에게는 "You need to get some sleep.(너 잠 좀 자야 되겠다.)"이라고 합니다. 그도 그럴 것이 불면증이나 바쁜 스케줄을 가진 사람에게 sleep이라는 것은 손에 넣기 힘든 대상입니다. 마치 구하기 힘든 물건을 손에 넣은 사람에게 "Where did you get this Hawaiian shirt?(이 셔츠는 어디서 구한거야?)"라고 하는 것과 같은 이치인 셈이죠. 하루 종일 게임만 하는 아들에게 "You've only been playing video games all day. Go out and get some exercise!(하루 종일 비디오 게임만 하네. 나가서 운동 좀 해!)"라고 해서 get some exercise로 표현하는 것을 볼 수 있는데, exercise를 동사로 쓰게 되면 운동하는 행위를 뜻하지만 get some exercise라고 하면 '운동 좀 해'라는 뉘앙스를 풍깁니다. 이러한 표현법에서 공통적으로 관찰되는 부분은 명사 앞에 some sleep, some rest, some exercise와 같이 some이 붙으며, 우리말로는 '좀'에 해당합니다.

이렇듯 get에는 기본적으로 '쉽지 않은 것을 해내다', '손에 넣다', '획득하다'의 뉘앙스가 있습니다. 그래서 "너 쉬지도 않고 계속 일을 하네. 좀 쉬렴." 이라고 할 때는 "You need to get some rest."라고 하지요. get에 관한 다음 예시들을 볼까요?

- Do you want to get dinner?

  저녁 할까?

- Do you wanna get a beer or something with me after work?

  퇴근하고 나랑 맥주 한잔할까?

- I think I will get another drink. What about you?

  난 한 잔 더 시키려고. 너는?

"저녁 할까?"를 왜 "Do you want to eat dinner?" 또는 "Do you want to

have dinner?"가 아닌 get dinner로 표현한 것일까요? '맥주를 마시다'가 왜 drink a beer가 아닌 get a beer로 표현된 것일지도 궁금하고, '한 잔 더 시키다'가 왜 order another drink가 아닌 get another drink로 표현된 건지도 궁금합니다.

"Do you want to get dinner?"라고 하면 그 말의 뉘앙스는 "저녁 할까?"입니다. 우리말의 '먹을까'가 아닌 '할까'라는 말이죠. 단순히 저녁을 '먹는' 행위가 아니라 상대에게 무슨 할 말이 있다거나, 같이 시간을 보내면서 친해지고 싶다거나 하는 것이 "Do you want to get dinner?"의 의미인 셈이죠.

get a beer도 마찬가지입니다. 맥주를 '마시는' 행위가 아닌 "맥주 하면서 이야기 좀 하자."라는 말이죠. 술집에 가서 "난 한 잔 더 시키려고." 하는 문장 역시 "I think I will get another drink."라고 합니다. order는 시키는 행위를 이야기하지만 get another drink는 '한 잔 더 시켜서 마시다'라는 말이 되지요.

〈에밀리 파리에 가다Emily in Paris〉에는 다음과 같은 장면이 나옵니다.

Emily: Hey, um, what are you up to tomorrow night? Um, do you
　　　 want to get dinner? Somewhere other than Gabriel's restaurant.

　　　음. 내일 밤에 뭐해요? 저녁이나 할래요? 가브리엘 식당만 빼고.

Alfie: Are you asking me out, Cooper?

　　　지금 데이트 신청하시는 거예요?

Emily: Maybe.

　　　그럴 수도.

에밀리가 최근 썸을 타고 있는 Alfie라는 남자에게 "Um, what are you up to tomorrow night? Um, do you want to get dinner?"라고 말하는군요. 일종의 추파를 던지고 있는 장면인데요. 단순히 저녁을 먹는 행위가 중요한 것이 아닌 저녁하면서 친해지고 싶다는 의도가 느껴지는 말이죠. 이제 이런 상황에서 왜 원어민이 get dinner라고 하는지 아시겠죠?

다음과 같이 말할 때는 get이 어색하고 eat dinner가 자연스러운데 왜 그런걸까요?

"Have you eaten dinner yet?"

이 문장의 경우 말 그대로 "밥(저녁)은 먹었니?"라는, 문자 그대로 '먹다'라는 의미가 중요하기 때문입니다. 이럴 땐 get dinner라고 하지 않죠. 생일잔치에서 저녁 식사가 테이블에 다 차려진 상황에서 "자, 이제 먹자."라고 할 때 역시 "Let's eat."이라고 해야 자연스럽습니다.

다음은 이동을 나타내는 get을 보겠습니다. 예시들을 먼저 보시죠.

- I missed my subway, but I could take a taxi and get there in 10 minutes.

  지하철을 놓치긴 했는데 택시타고 가면 10분 후에는 도착할 수 있을 것 같아.

- I don't think I can get to the office until 2:45.

  빨라도 2시 45분은 되어야 사무실에 도착하지 싶어.

- Something came up at work. I'll have to get (back) to the office.

  회사에 일이 생겼어. 사무실에 복귀해야 할 듯.

넌 대체 몇 년째 영어 공부를 하고 있는 거니?

위의 세 문장에서는 왜 arrive, go, come 대신 get을 쓴 것일까요? go는 출발 또는 이동의 과정에 초점이 맞춰져 있는데 반해 get은 목적지에 '도착' 또는 목표 지점에 '도달하다'에 초점이 맞춰진 동사랍니다. get이 이동의 의미로 쓰일 때는 '어려움, 난관, 장애물 등을 이겨내고 ~에 도착하다(도달하다)'라는 뉘앙스까지 지니고 있습니다. 따라서 첫 번째 문장의 경우 한국어로는 '10분 안에 갈 수 있을 듯.'이지만 영어로는 go 또는 come이 아닌 '빠듯하고 촉박하지만 10분 안에 도착할 수 있어.'라는 뉘앙스를 풍기는 get이 안성맞춤이죠.

arrive는 중성적인 느낌의 어휘입니다. 공항에서 볼 수 있는 arrival time 처럼 별도의 뉘앙스가 없는 '도착 시간' 정도의 느낌이죠. 두 번째 문장은 '도저히 2시 45분까지는 못 갈 듯'이라는 어려움의 느낌이 있으며, 세 번째 문장 역시 갑자기 일이 생겨서 사무실에 들어가봐야 하는 것이니 get to the office 가 좀 더 자연스럽게 들립니다.

다음 두 예문에서는 go to sleep이 아닌 get to sleep으로 표현되었군요.

- I'm having trouble getting to sleep.

  잠이 잘 안 와.

- I couldn't get to sleep, so I went out for soju.

  잠이 안 와서 소주 사러 나갔어요.

'잠자러 가다', '잠자리에 들다'라고 하면 go to sleep이라고 하는데 여기서는 왜 get to sleep이라고 하는 걸까요? 앞서 말씀드린 것과 같은 논리입니다. 중성적인 의미에서 "보통 몇 시에 잠자리에 드니?"라고 한다면 "What time do you normally go to sleep?"이라고 하지만 "자려고 해도 잠이 잘 안 와요." 와 같이 잠들기가 어려운 느낌이나 '겨우 잠 들었다'에 해당하는 표현은 get to sleep입니다. 그래서 "I couldn't get to sleep, so I went out for soju(도저히 잠이 안 와서 소주 사러 밖에 나갔다.)"로 표현하는 것이죠.

또 다른 get의 용례를 살펴볼까요? 식당 직원이 컴플레인을 하는 손님에게 "Would you like me to get my manager?"라고 합니다. "매니저님 모셔 올까요?"라는 말이지요. 이런 경우의 get은 go and get him에서 go and가 생략된 것입니다.

get은 「get + 사람 또는 사물 + to부정사」와 같이 '사역동사 5형식' 구문에서도 자주 등장합니다. 상대편 과실로 차 사고가 난 것임에도 자비로 수리를 한 친구에게 다음과 같이 말합니다.

"You should have gotten him to pay for the damages.(상대편 운전자한테 수리비 물어 달라고 했어야지.)"

"물어 달라고 했어야지."면 "You should have made him pay for the damages."가 아닌가요? 왜 get 동사를 쓰는 걸까요? 뒤에 나오는 to부정사는 또 뭔가요?

많은 원어민에게 물어보면 이때 make를 쓰면 너무 세게 들린다고 합니다. 법, 규정 등과 같은 강제성이 있는 경우에는 make가 어울리지만 위의 상황과 같이 상대 운전자가 무책임하게 나오자 이를 설득해서 '~하게 하다'라

넌 대체 몇 년째 영어 공부를 하고 있는 거니?

는 문맥에서는 「get + 목적어 + to부정사」로 표현하는 것을 볼 수 있습니다.

일전에 한 미국 여성분이 "I can get any guy to buy me whatever I want. (저는 마음만 먹으면 어떤 남자한테도 뭐든 다 받아낼 수 있거든요.)"라고 했던 기억이 나는데요. 이 문장 역시 「get + 사람 + to부정사」의 용법을 명료하게 보여 주는 사례입니다.

get은 자동사로 '이동하다'라는 의미 말고도 타동사로 쓰여 '~을 A 지점에서 B 지점으로 이동시키다'라는 의미도 지니고 있습니다. 다음을 한번 볼까요.

- Get the ball to Jeff.

- Get him out of here.

- Get her home safely.

- Can you please get that report to me? I'd like it on my desk by 5 p.m.

첫 번째 문장은 농구팀 감독이 선수들에게 하는 말로써 "공을 (무조건) Jeff에게 줘."라는 말이며, 두 번째는 취객이 난동을 부리자 술집 사장이 직원들에게 "저 사람 끌어내."라고 하는 장면입니다. 세 번째는 '우버 택시'를 부른 남자친구가 기사 분에게 "제 여자 친구 안전하게 집에 데려다 달라."고 하는 말이고, 네 번째 문장은 아침까지 마무리됐어야 할 보고서가 아직 전달이 안 된 상황으로 팀장이 팀원에게 "그 보고서 저한테 꼭 제출해 주세요. 오후 5시까지 책상 위에 올려놓으면 됩니다."라고 하는 상황입니다.

위의 예문과 같이 get이 타동사로 쓰일 경우 기본적으로 '이동시키다'라는 의미를 지니고 있는데 "Jeff에게 공을 줘."라고 한다면 give, throw 등의 대안이 있지만 get을 쓸 경우 '던지거나 주는 것을 강조하는' 묘사적 행위가 중요한 것이 아니라 "우리 팀에서 제일 잘 하는 Jeff에게 공을 줘야 해."라는 뉘앙스이며, "그 사람 끌어내."라고 할 때 pull him out of here라고 하지 않은 것은 '끌어서 내보내.', '들어서 내보내.'라는 이런 묘사적 행위가 중요한 것이 아닌 "술집 밖으로 내보내."라는 말을 하고자 하기 때문입니다. "Get the report to me." 역시나 send를 쓰지 않고 get을 쓰게 되면 '예정보다 늦었다, 더 미루면 안 된다'의 뉘앙스가 묻어납니다. 이때의 get은 '공간의 이동 + 어려움에도 불구하고 ~하다'라는 두 가지 뉘앙스를 지니고 있습니다. 그래서 상사가 짜증을 내며 다음과 같이 말하는 것을 볼 수 있답니다.

"Why didn't you get that report to me on time?(왜 제 시간에 안 보낸 거야?)"

원어민이 get을 입에 달고 사는 이유가 조금씩 이해되는 것 같습니다. 여러분은 어떠신가요? ✽

넌 대체 몇 년째 영어 공부를 하고 있는 거니?

영어식 주어 잡기

"영어라는 언어는 주어가 다한다."

영어에서 주어를 어떻게 잡느냐가 얼마나 중요한지를 담고 있는 말입니다. 영어식 주어에는 일종의 공식 같은 것이 있는데, 이 공식을 중심으로 이야기를 해 보려고 합니다.

영어식 주어 잡기 공식 1

- 중요한(핵심) 정보가 주어가 된다.
- 부분parts 보다는 전체the whole를 주어로 한다.
- 말의 의도가 주어를 결정한다.

- Is this seat taken?

  여기 누가 있나요?(여기 자리 있나요?)

"Are you using this seat?"이라고 할 수도 있는데 왜 굳이 "Is this seat taken?"이라고 할까요? 이 문장을 통해 '말의 의도가 주어를 결정하고, 중요한 정보가 주어가 된다.'라는 일종의 규칙과 룰을 엿볼 수 있습니다.

"혹시 선생님이 이 자리 쓰고 있나요?"라고 한다면 "Excuse me. Are you using this seat?"이라고 표현하며 "죄송한데, 여기 자리 있나요?"라고 한다면 Is this seat taken? 이라고 표현합니다. 같은 논리로 "그 남자 사귀는 사람 있어요."라고 할 때 역시 "He is taken."이라고 하지요.

음식점에서는 직원 분이 "Are you being served?"라고 묻는 것을 볼 수 있습니다. 한국어로 해석해 보면 "누가 봐주고 있나요?" 또는 "주문은 하셨나요?" 정도가 되는데, 이 문장에서는 '누가'가 아닌 '당신(고객)'이 중요한 정보이니 주어는 you가 된답니다.

카페에서 직원이 주문을 받을 때 역시 "What can I get for you?(뭐 드시겠어요?)"라고 하는 것을 볼 수 있습니다. 왜 "What would you like?"라고 하지 않을까?" 하는 의문이 들기도 합니다. 우리말 논리와 어순으로 치면 what would you like가 더 맞을 수도 있을 테니까요. 그런데 직원은 서비스를 제공하는 입장에 있는 분입니다. 따라서 "제가 뭘 드릴까요?(예의를 갖춘 표현 방식)"라고 생각하는 것입니다. 다음과 같은 상황도 한번 생각해 보겠습니다.

A: 오늘 저녁에 뭐하니? 나가서 놀까?
B: 오늘 Nick이랑 Jeff가 저녁 먹으러 오기로 했어.

이 대화에서 중요한 정보는 무엇일까요? Nick과 Jeff일까요? 아니죠. "오늘 저녁은 (내가) 바빠서 너랑 못 놀아."이지요. 즉, "나 바빠."라는 것이 핵심입니다. 따라서 "I have Nick and Jeff coming over for dinner tonight."과 같은 어순으로 표현하는 것이 맞습니다.

상무님이 "김대리, 엄청 정신없어 보인다."라고 하니 "네, 수요일에 회의가 다섯 개나 있어서요."라고 하는 상황도 마찬가지입니다. 이럴 때 역시 '회의'를 주어로 잡지 않고 "I have 5 meetings scheduled for Wednesday."라고 하지요. 여기서 중요한 정보는 '회의'가 아니라 '내가 바쁜 것'이니까요.

이케아에서 가구를 구매한 후 "배송 가능하죠?"라고 할 때 역시 "Can you ship it for me?"가 아닌 "Can I have it shipped?"라고 하는데, 이 역시 화자의 의도는 "I'd like to have it shipped.(저는 배송을 받고 싶습니다.)"이기 때문에 이것이 의문문이 되면 "Can I have it shipped?"가 되는 것입니다.

배우 정우성 님과 닮은 한 남성이 있는데 "사람들이 저를 정우성으로 착각해요."라고 한다면 "People often mistake me for Jung Woo Sung" 보다는 "I am often mistaken for Jung Woo Sung."이 영어식 어순입니다. 이 문장에서 '다른 사람'은 중요한 정보가 아닙니다. '내'가 중요한 정보입니다.

이러한 부분을 깨닫고 나서 다시 영어라는 언어를 보면 영어의 참 맛을 느끼게 됩니다. 그 동안 찜찜했던 수수께끼와 같은 그 무언가가 일거에 해소되면서 영어가 한결 편하게 다가오는 경험을 하게 됩니다. 무엇보다 내가 영어로 말을 할 때 원어민과 같은 문형으로 표현을 하게 된다는 점이 가장 중요하겠지요.

왜 한국인의 영어에는 'A of B' 구조가 많을까요? 예를 들면 이런 것입니다.

- The length of the Han River is 514 kilometers. (한국식)

  The Han River is 514 kilometers long. (영어식)

- The appearance of the new car is futuristic. (한국식)

  The new car has a futuristic appearance. (영어식)

- The plot of the Netflix series is interesting. (한국식)

  The Netflix series has an interesting plot. (영어식)

- The personality of even identical twins is different. (한국식)

  Even identical twins have different personalities. (영어식)

- The atmosphere of the cafe is cozy. (한국식)

  The cafe feels cozy. (영어식)

- The gas mileage of the ○○ car is excellent. (한국식)

  The car gets excellent gas mileage. (영어식)

- The number of my Instagram followers is 2,000. (한국식)

  I have 2,000 followers on Instagram. (영어식)

위의 한국식 문장들은 마치 "저는 스무 살이에요."를 "My age is 20."라고 하는 것과 다를 바가 없습니다. 그런데 "How old are you?"라는 질문에 "My age is 20."라고 답하는 원어민은 없습니다. "I'm 20 (years old)."라고 하지요.

넌 대체 몇 년째 영어 공부를 하고 있는 거니?

영어식 주어의 핵심 특징 중 하나가 바로 '부분이 아닌 전체를 주어'로 하는 것입니다. 부분은 무엇이며 전체는 또 무엇인지 헷갈리신다고요? 다음 문장을 한번 보시죠.

"What does he look like?(그 남자 분 어떻게 생겼나요?)"

남성분의 전반적인 '외모'를 묻는 질문입니다. 따라서 이 질문에 대한 대답은 "He has a strong jawline and wide shoulders. (턱이 발달되어 있고 어깨가 넓어요.)"라고 표현됩니다. He가 전체이며 jawline과 shoulders는 그 사람 신체의 부분이지요.

같은 논리로 "한강 길이는 약 514km입니다."에서 전체는 '한강'이고 부분이 '길이'이니 "The Han River is about 514 kilometers long."으로 표현되며, "신차 외관이 어떤 까요?"라는 질문에 대한 답 역시 "The new car has a futuristic appearance.(신차 외관이 미래지향적입니다.)"라고 하게 됩니다.

"일란성쌍둥이조차 성격이 다르다."라는 문장을 영어로 해 보라고하면 "The personalities of identical twins are different."의 어순으로 영작을 하는 경우를 볼 수 있습니다. 하지만 앞서 언급한 것처럼 성격을 나타내는 personalities는 사람의 부분이며 전체는 사람 자체이겠죠. 그래서 "Even identical twins have different personalities."라는 표현 방식이 원어민스러운 영어입니다. 부분에 해당하는 personalities는 문장의 뒤에 위치하고 있습니다.

"볼보가 내놓은 신차는 연비가 우수하다."라는 문장도 마찬가지입니다. 연비는 신차의 주요 특징 중 하나인 '부분'입니다. 따라서 "Volvo's new car has excellent gas mileage."라고 표현합니다. "The gas mileage of Volvo's new car is excellent."라고 표현하는 경우는 볼보 신차와 벤츠 신차의 연비를 비교하는 경우입니다. 즉, '비교 대상'이 중요한 정보이지요. 이럴 경우에는 gas mileage가 주어가 됩니다.

다음은 영어식 주어 잡기의 특징을 보여 주는 예문들입니다.

- A: What symptoms do you have?

  증상이 어떤가요?

  B: I have a runny nose.

  콧물이 납니다.

- Their coffee doesn't taste fresh.

  그 집 커피는 맛이 신선하지가 않아.

- This book has a lot of useful expressions in it. You can borrow it, if you'd like.

  이 책에는 유용한 표현이 정말 많아. 필요하면 빌려 줄게.

영어식 주어잡기 공식 2

- **인칭대명사는 내 영어를 자연스럽게 만들어준다.**

한국어와 영어의 차이점 중 하나는 한국어는 주어 생략이 심한 언어(문맥상 당연하니까 그런 듯)인 반면 영어는 예외적인 경우를 제외하고는 주어를 반드시 명

넌 대체 몇 년째 영어 공부를 하고 있는 거니?

시한다는 점입니다. 예를 들어 우리말은 다음과 같이 표현되는 경우가 많지요.

- 거기 몇 시에 문 닫아?

  (사실 상 주어가 보이지 않습니다. 물론 거기를 주어라고 우길 순 있지만요.)

- 이번에 하남에도 매장 생겼다며.

  (주어가 애매합니다. 매장이 주어인지, 매장을 오픈한 회사가 주어인지.)

- H&M에는 입을 만한 옷이 없을 걸.

  (이 문장을 영어로 옮길 때는 진짜 헷갈립니다. 'You can't ~'라고 해야 할 지, 'There aren't ~'

  라고 해야 할지, 'They don't have ~'라고 해야 할지.)

그럼 위의 우리말에 해당하는 원어민식 영어 문장을 한번 볼까요?

- What time do they close?
- I heard they just opened a new store (location) in Hanam.
- Maybe they don't have any decent clothes at H&M.

"거기 몇 시에 문 닫아?"의 경우 표준 문법을 따라가면 '가게'나 '카페'는 3인칭 단수이니 it으로 받는 것이 맞지만 they로 표현됩니다.

"이번에 하남에도 매장 생겼다며?"라는 문장의 속 뜻은 "회사가 잘나가서 또 매장을 오픈했다."일터이니 '매장'이 아닌 they(그 회사)가 주어가 되는 것이 맞습니다.

"~에는 입을 만한 옷이 없을 거야."라고 할 때 말의 의도가 "그 브랜드 옷이 별로야."라는 것이라면 당연히 they(그 브랜드)가 주어가 되어야 할 것이고, "야, 거기 가지마, 헛걸음만 해."라고 상대를 타박하는 느낌을 주고자 한다면 you가 주어가 됩니다.

5년 전이었을까요? 저에게 미국에서 한 통의 메일이 왔습니다.

"선생님, 현지에 와서 생활해 보니 원어민들은 거의 they를 주어로 쓰네요. 쌤이 이 부분을 강조할 때는 그러려니 했는데, 매일 실감합니다."

역시 내 눈으로 보고 내 귀로 듣는 것 만한 게 없는 듯합니다. 다음 예문에서의 they는 앞에서 언급된 보통 명사를 받는 they입니다.

- Vegetables are really good for you. Besides, they are low in calories.
  채소는 몸에 정말 좋다. 게다가 칼로리도 낮다.

그런데 이와는 다른 they를 한번 볼까요? 다음 우리말을 영어로 어떻게 표현했는지 보시죠.

- 그 집에 소주도 팔아?
  ⇒ Do they even have soju on their menu?
- 롯데리아에는 vegan 버거가 있대.
  ⇒ I heard they have a vegan burger at Lotteria.
- 성수동에 있는 Neat라는 옷가게 들어 보셨어요? 지난 주말에 플리마켓

넌 대체 몇 년째 영어 공부를 하고 있는 거니?

을 했거든요. 건질 게 있나 싶어서 한번 가 봤어요.

⇒ Have you heard of this clothing store called Neat in Seongsu?
They were having a flea market last weekend, so I went to check
it out and see if they had anything good.

위의 문장에서 보듯 '그 집(가게)', '롯데리아' 등의 단어를 모두 they로 받아서 표현하는 것을 볼 수 있습니다. 우리가 학교에서 배웠던 문법만 놓고 보면 3인칭 단수이니 it으로 받지 않을까 싶겠지만 원어민들은 이러한 경우 they로 받아서 문장을 만든답니다.

이제 인칭대명사 they는 언제 쓰면 되는지 정리해 보겠습니다.

1. 성중립적(gender neutral or non-binary)으로 표현할 때

이와 관련해서는 유명한 일화가 많은데 그 중 하나가 미국의 전 대통령인 오바마의 연설입니다. 다음은 연설의 일부입니다.

"We agree that real opportunity requires every American to get the
education and training they need to land a good-paying job."

"진정한 기회를 얻기 위해서는 모든 미국인들이 좋은 직업을 가지는데 필요한 교육과 훈련을 받
아야 한다는 점에 대해 모두가 동의합니다."

every American이라는 3인칭 단수를 they로 받고 있지요. 이렇게 he or

she라고 하지 않고 they로 표현하는 것을 일상 영어에서 허다하게 볼 수 있습니다.

- If I get a call, tell them they can call me back.

  누가 나한테 전화오면 나중에 전화하라고 해 줘.

- Did somebody leave their books here?

  누가 여기 책 놔 둔거야?

2. 제삼자의 입장에서 특정 집단과 그룹(기업, 브랜드, 도시, 국가, 사회)을 하나의 집합으로 표현할 때

다음 예시들을 보시죠.

- They don't take credit cards at the produce shop near Sinchon Station.

  신촌역 근처에 있는 야채 가게는 신용카드를 안 받아.

- At my gym, they only have outdated equipment.

  제가 다니는 헬스장에는 낡은 기구밖에 없어요.

- At HomePlus, they only stock the most famous shampoo brands.

  홈플러스는 제일 유명한 샴푸 브랜드만 갖다 놓더라고요.

- In America, they don't have any decent health care.

  미국에는 의료보장제도가 좀 시원찮아요.

넌 대체 몇 년째 영어 공부를 하고 있는 거니?

이제 you에 대해서 알아볼까요? you를 언제 쓰면 되는지 정리해 보겠습니다.

불특정 다수의 일반인 모두(말하는 이도 포함해서)에게 해당되는 내용을 말할 때는 you로 시작한다

내 앞에 있는 상대를 가리켜 you라고 하는 건 삼척동자도 알 테니 따로 언급하지 않도록 하겠습니다. 그럼 이런 질문을 한번 드려볼게요. 'it ~ for ~ to' 구문 많이 사용하시나요? 뭔가 좀 한국식 영어 같은데도 자꾸 입에서 불쑥불쑥 나오죠? 인칭대명사 you 주어 습관이 덜 되어 있기 때문입니다. 다음은 어느 유튜브 채널에서 마주친 문장인데 영어로 어떻게 말하시겠어요?

"지방을 빼려면 유산소는 필수라고들 생각한다."

앞서 이야기한 것처럼 한국어의 특징 중 하나가 '행위의 주체를 언급하지 않는 경향이 있다'는 것입니다. 그래서 '유산소는 필수다'라고 하면 본능적으로 "It is very important to do cardio……" 이런 식으로 말하는 분이 많을 거라 생각됩니다. 그런데 해당 원어민 유튜버는 다음과 같이 표현합니다.

"Many people believe that you have to do cardio in order to lose fat."

이와 같은 you를 impersonal you(불특정 다수를 가리키는 you)라고 합니다. '나는 평소 이러한 you를 자연스럽게 사용하고 있는가?'를 한번 생각해 보시기 바랍니다.

이러한 you의 경우 지금 나와 같은 공간에 있는 청자를 대상으로 한 강연, 프리젠테이션, 수업, 유튜브 채널 등에서 자주 사용되며 마치 내 앞에 있는 어떤 한 사람에게 말하듯 'You have to do ~', 'You can do ~'로 표현됩니다. 다음 문장은 미국인 두 명 간의 대화에서 나온 말입니다.

"In Seoul, they have transportation cards with cute designs. You can top them up at any convenience store."

"서울에는 귀엽게 생긴 교통카드가 있거든. 아무 편의점에서나 충전가능해."

이때의 you는 내 앞에 있는 친구가 아닌 '누구라도'의 you입니다.

그렇다면 왜 이러한 you 사용이 어려운 걸까요? 이 점 역시 '한국어에는 주어가 없다.' 또는 '한국어 문장에서는 주어가 불분명하다.'에서 찾을 수 있겠습니다.

"서울에서는 이 집 빵이 최고라니까."라는 문장의 한국식 표현법은 "This bread is the best in Seoul.", 영어식 표현법은 "You can't find any better bread than this in Seoul."이라고 할 수 있습니다.

영어식 주어잡기 공식 3

- '사물 주어'란 사물과 상황이 사람 행세를 하는 것, 즉 '의인화'를 말합니다.

- These mashed potatoes need more salt.

  이 으깬 감자에 소금 좀 더 넣어야겠어.

넌 대체 몇 년째 영어 공부를 하고 있는 거니?

위 문장은 전형적인 사물 주어 구문입니다. 감자가 사람처럼 무엇을 필요로 하는 것이죠. 다음 예시를 보시죠.

- This book needs proofreading.
  이 책 교정이 필요해.
- This car needs fixing.
  이 차 손 좀 봐야 되겠네요.

위의 두 문장 모두 책이 교정을 필요로 하고 차가 수리를 필요로 한다는 사물 주어 구문입니다. 〈에밀리 파리에 가다Emily in Paris〉를 보면, 주인공 에밀리가 다음과 같이 말합니다.

"I know my English could use some work."
"제 영어 실력이 부족한 거 알아요."

could use something은 need something의 완곡어법으로 '~이 필요하다'라는 말인데요, 자신의 영어가 연습이 필요하다고 표현되니 이 또한 사물 주어 구문의 대표적인 사례입니다.

Hailey 선생님과 카페에서 커피를 마시고 있는데 그녀에게 전화가 걸려옵니다. 전화벨이 계속 울려도 받지 않길래 "왜 안 받아요?"라고 하니 "If it doesn't say who's calling, I don't pick up.(전 모르는 번호는 안 받아요.)"이라고 하더군요. 얼핏 보면, "이것도 사물 주어 구문인가요?"라고 고개를 갸우뚱할 수 있겠지만, 틀림없는 사물 주어 구문입니다. 이 문장에서 it은 휴대폰을 가리키거든요. 전화기가 말을 하니 이 보다 더한 사물 주어가 또 있을까요?

이렇듯 영어라는 언어에서는 사물이 사람처럼 '말하다', '보여주다', '나타내다'라는 식의 표현법이 발달되어 있습니다. say, tell, show 등의 동사가 사용된 사물 주어 문장을 몇 가지만 살펴보겠습니다.

• Something tells me you are gonna get the job.

　　보니까 너 합격하겠다.

최근에 면접을 본 친구에게 이렇게 말할 수 있겠네요. '무언가가 내게 말해준다. 네가 그 job을 얻게 될 것이라는 것을.' 이런 말이죠.

이 책을 다 읽은 독자분에게 친구나 동료가 다음과 같이 물을 수도 있을 텐데요.

"이 책의 핵심이 뭔데?"

보통의 한국 학습자는 "What is the message of this book?"이라고 하겠지만 원어민은 "What is this book really saying?"이라고 하지요. 줌 오디오 설정에서도 say는 어김없이 등장한답니다. 다음 예시를 보시죠.

• Go to the audio preferences. And then from there, you check the box that says "Mute my microphone when I join a meeting."

한국어 논리를 따라가면 something is written이겠지만 영어라는 언어는 그렇게 생각하지 않는 듯합니다.

최근에는 주변에 비건vegan(적극적 채식주의자)들이 많고, 그런 만큼 비건 식당vegan restaurants도 점점 늘고 있는 추세입니다. 저 역시 그런 원어민 친구가 몇 명 있지요. 그 중 한 미국인 친구가 얼마 전 "네이버 맵에는 제가 제일 좋아하는 비건 식당이 안 나오네요."라고 하더군요. 우리 식으로 표현하자면 "I can't find my favorite vegan restaurants on Naver Maps."이겠지만 원어민 친구는 "Naver Map doesn't show my favorite vegan restaurants."라고 표현합니다.

go라는 동사 역시 '사물 주어' 구문과 함께 쓰이는 대표적인 동사인데요. 다음은 저와 오랫동안 함께 작업을 하고 있는 미국 텍사스 출신의 Nick 선생님이 최근 아내에게 한 말입니다.

"Honey, where do the champagne glasses go?"

"여보, 이 샴페인 잔은 어디 둬야 해?"

우리가 알고 있는 go와는 많이 다른 느낌인데요. '사람이 어디에 가다.'라는 의미를 넘어서 '이 물건은 어디로 가야하나?'라는 발상이 묻어난 문장입니다. 이와 같은 go는 비즈니스 상황에서도 자주 사용되는 것을 볼 수 있습니다.

- Your estimations should go into the Budget column, and the exact amount spent should go into the Actual column.

  엑셀상에서 예상지출 금액은 Budget column에 기입하고 실제 지출금액은 Actual column에 기입해야 한다.

이 때의 go는 '원래 있어야 할 자리가 ~이다'라는 의미입니다. 우리는 아마도 put them into the Budget column이라고 했을 것 같은데요?

미국 NBC 방송에서 한 애널리스트가 다음과 같은 말을 합니다.

"물가가 오르면서 돈 가치가 많이 떨어졌습니다."

여러분이라면 어떻게 영작하시겠어요? 아마도 직역을 해서 'value가 drop했다' 또는 'money가 lost its value했다' 정도로 표현할 텐데요. 원어민 애널리스트는 다음과 같이 표현합니다.

"As inflation rises, your dollar simply doesn't go as far."

"돈이 멀리 가지 못한다.(예전만큼은……)"

"나도 내일부터 당장 사물 주어를 써 봐야지."라고 욕심내기 보다는 우선 원어민과의 대화 속에서, 넷플릭스 드라마를 볼 때, 또 영자 신문을 읽으면서 이러한 사물 주어를 눈에 잘 넣어 두는 것이 중요하겠습니다. 그런 다음 여러

넌 대체 몇 년째 영어 공부를 하고 있는 거니?

분의 영어가 지금 보다 한 단계 더 업그레이드되었을 때 내 입에서 자연스럽게 나올 때를 기다려 보는 것이 어떨지요. 다음은 사물 주어의 사례를 잘 보여주는 예문입니다.

- My phone is dead.

  전화기가 죽었어.

- That can wait.

  그건 안 급해.(천천히 해도 돼.)

- My headache is killing me.

  두통 때문에 아주 죽겠어.

- A few shots of soju put me to sleep, but then I don't sleep that well.

  소주 몇 잔 마시면 잠이 오긴 한다. 그래도 숙면을 취하지는 못한다.

- What is keeping you busy these days?

  요즘 뭐 때문에 바쁘세요?

- 2021 saw a sharp rise in home prices in the metropolitan area.

  2021년에 집값이 엄청나게 올랐다.

- Even 100,000 won won't fill up the tank. How crazy is that?

  기름을 10만원치 넣어도 가득 안 채워져. 이게 말이 돼!(주유소에서)

미안하지만 5형식 알아야 한다

"한국인의 영어에는 5형식이 안 보인다."

좀 과한 표현 같지만 부정할 수 없는 현실입니다. 그도 그럴 것이 5형식 문형은 모양부터 복잡합니다.

- 1형식: 주어 동사
- 2형식: 주어 동사 보어
- 3형식: 주어 동사 목적어
- 4형식: 주어 동사 간접목적어 직접목적어

여기까지는 좋습니다. 바로 다음 녀석이 골칫거리입니다.

- 5형식: 주어 동사 목적어 목적보어

넌 대체 몇 년째 영어 공부를 하고 있는 거니?

우선 5형식 문형을 이끄는 대표적인 동사, make가 사용된 문장을 살펴보겠습니다.

- It seems like I'm making you uncomfortable.

  저 때문에 불편하신가 봐요.

- You are making me feel miserable.

  너 때문에 내가 너무 비참한 기분이야.

- This cake will make you feel better.

  이 케이크 먹으면 기분이 좀 나아질 거예요.

- That actually made things even worse.

  이 때문에 상황이 더 나빠졌다.

해석도 어렵지 않고, 이 정도의 문장은 나도 구사할 수 있는 수준이라는 생각이 듭니다. 그런데 하나의 문장에 5형식이 두 개나 들어가 있는 경우도 있습니다. 다음 예시를 보시죠.

- Do you want me to leave the door open?

  제가 문을 열어 둘까요?

'Do you want me to부정사'가 첫 번째 5형식, 'leave the door open'이 두 번째 5형식 입니다. 한 문장에 5형식이 두 개라니 재미있군요.

예전부터 이런 생각을 해 보았습니다. 왜 저를 비롯한 한국학습자들에게 5형식은 눈으로 보면 알지만 입에서는 잘 안 나올까? 나온다 해도 뭔가 찜찜하게 나오고, 입에 착 붙는 느낌이 안 들까하는…….

'Do you want to부정사?' 이 문형은 want와 to부정사 사이에 뭐가 없습니다. 그리고 to부정사 행위의 주체는 문장 전체의 주어인 you입니다. 이에 반해 'Do you want me to부정사?'의 경우 want와 to부정사 사이에 뭐가 있습니다. 바로 me이지요. 한 문장에 사실상 주어가 두 개나 있습니다. 문장 전체의 주어인 you와 to부정사 행위의 주어인 me가 버티고 있는 것이죠. 한마디로 2중 구조, 꼬여 있는 문형입니다. 읽기, 듣기와 같은 수동적 학습 영역에서는 무리없이 소화할 수 있는 구문이라 하더라도 쓰기, 말하기와 같은 영역에서는 입에 착 붙지도 않고 뭔가가 껄끄럽지요.

"Do you want to tag along?(따라갈래?)"이라고 할 때는 쉽게 느껴지다가도 "Do you want me to tag along?(따라가 줄까?)"이라고 하면 뭔가 조금 불편하게 느껴집니다. 보기엔 한 곳 차이(want 와 to 사이에 me가 있는)이지만 의미는 완전히 다른 문장 아니겠어요?

그냥 "Open the door.(문 열어.)"라고 하면 쉬울 텐데 "Leave the door open.(문 열어 둬.)"이라는 5형식은 조금 복잡하게 보입니다. 우리말의 '둬'가 영어로는 leave인 셈이죠.

영어라는 언어는 '행위'와 '상태'를 철저하게 구분해서 표현합니다. '상태 표현'에 굉장히 민감한 언어이지요. 예를 들어 집에 와보니 "문이 열려있었다."라고 하면 "The door was left open."이라고 해서 leave 동사를 꼭 집어넣

넌 대체 몇 년째 영어 공부를 하고 있는 거니?

어서 표현하는 것을 볼 수 있습니다.

고양이를 키우는 Nick 선생님이 일전에 저에게 이렇게 말하더군요.

"I don't leave any cups uncovered at home, because I'll come back to cat hair in my drink. (컵은 꼭 뚜껑을 닫아 둡니다. 안 그러면 음료에 고양이 털이 들어가거든요.)"

이 문장 역시 「leave + 목적어 + 과거분사」 형태의 5형식으로 '상태'를 강조하는 표현이지요. 5형식 구문 정말 그 종류도 많고 공부해야 할 것도 많습니다. 영어 말하기에 가장 필요한 5형식 문형 다섯 가지를 살펴보겠습니다.

❶ have(get) + 목적어 + 목적보어

❷ want + 목적어 + 목적보어

❸ consider + 목적어 + 목적보어

❹ keep, leave + 목적어 + 목적보어

❺ see, hear, feel + 목적어 + 목적보어

1. have(get) + 목적어 + 목적보어

영어라는 언어에서 가장 빛나는 구문이라고 생각되는 구문이며 이 구문에 대한 '이해 + 내재화 + 자유로운 말하기'는 여러분의 영어를 한 단계 업그레이드 시켜줄 것입니다. 우선 다음의 한글 문장을 영어로 영작해 볼까요?

• 나 머리 잘랐어.

- 나 컴퓨터 고쳐야 돼.

- 깁스는 언제 푸니?

- 내일까지 이거 다 해 놓을 수 있겠어요?

위의 표현을 우리말의 생김새 그대로 영어로 옮기면 다음과 같습니다.

- I cut my hair.

- I need to fix my computer.

- When is your cast being taken off?

- Can you finish it by tomorrow?

그런데 원어민은 다음과 같이 표현합니다.

- I got my hair cut.

- I need to get my computer fixed.

- When are you having your cast taken off?

- Can you have it done by tomorrow?

이 둘 간의 뉘앙스 차이는 다음과 같습니다.

- I cut my hair VS. I got my hair cut.

넌 대체 몇 년째 영어 공부를 하고 있는 거니?

(내가 직접 머리를 자르는가 VS. 미용사한테 자르는가)

- Can you finish it by tomorrow? VS. Can you have it done

   by tomorrow?

(행위에 대한 강조 VS. 상태에 대한 강조)

5형식의 하나인 「have(get) something p.p.」 구문은 구어체와 문어체 모두에서 두루 사용됩니다. 이 구문은 꼭 익숙해져서 내 입에서 나올 수 있도록 만들어야 합니다.

「have(get) something p.p.」의 두 가지 용례를 한번 보겠습니다.

첫 번째는 내가 직접 하는 행위가 아닌 제삼자에게 맡겨서 할 때입니다. 머리를 자르거나, 고장이 난 물건을 수리하거나, 네일숍에서 손톱 관리를 받거나, 성형 수술을 하거나, 이케아에서 구매한 옷장을 배송받거나, 번역을 외주 맡기거나, 내가 그린 그림이 예술의 전당에 전시되는 등의 상황이 여기에 해당됩니다. 다시 말해 내가(우리가) 직접 하는 행위가 아닌 제삼자가 나를 대신해서 해줄 때 이 구문을 사용합니다. 다음 예시를 보시죠

- I got my hair cut.

   머리 잘랐습니다.

- I need to have it fixed.

   이거 고쳐야 합니다.

- Can I have my computer repaired, even though it's out of warranty?

컴퓨터 수리 가능할까요? AS 기간은 끝났지만요.

- I haven't found the time to get my nails done.

  손톱 손질할 시간적 여유도 없네요.

- I think she had work done on her nose.

  보니까 저 여성분 코를 성형한 것 같아요.

- The wardrobe won't fit in my car, so can I have it shipped?

  이 옷장이 제 차에 안 들어가서요. 배송 가능하죠?

- I think we need to have this document translated.

  아무래도 이 문서 번역은 외주 맡겨야 하겠어요.

- With HiNative, you can have your writing corrected by native speakers for free.

  HiNative를 이용하면 무료로 원어민 첨삭을 받을 수 있습니다.

- I am having my works displayed at Seoul Arts Center this Friday

  이번 금요일에 예술의 전당에 제 그림이 전시됩니다.

두 번째는 행위보다 상태를 강조할 때 「have(get) something p.p.」 구문이 사용됩니다. 다음 예시들을 보겠습니다.

- I will have it taken care of.

  제가 알아서 다 해 놓을게요.

- I have 5 meetings scheduled for Wed.

넌 대체 몇 년째 영어 공부를 하고 있는 거니?

수요일에 회의가 5개나 잡혀있습니다.

- Can you have it done and on my desk by tomorrow?

이거 다 해서 내일 까지 제 책상에 두세요.

- We don't have the details worked out yet.

세부 내용은 아직 정하지 못한 상태입니다.

- My friend still has his ex-girlfriend's name tattooed on his arm.

제 친구는 자기 팔에 있는 예전 여친 문신을 안 지우고 있어요.

이제 다음과 같은 질문을 드려보겠습니다.

❶ 위에서 소개한 5형식을 논리적으로 이해했는가?

❷ 평소 영어로 말을 할 때 이와 같은 구문이 입에 붙어 있는가?

1번에 대해서는 "네."라는 답을 기대해봅니다만, 2번에 대해서는 "글쎄요……."라며 망설이는 표정이 여기까지 전해지는군요.

논리적인 이해가 되었음에도 왜 내 입에서 안 나오는 걸까요? 영어로는 '기술자에게 수리를 부탁한다.'이지만 우리말은 그냥 '이거 고쳐야겠다.'라서 나도 모르게 "We need to fix this."라고 툭 튀어나와 버리게 됩니다.

학습자가 특히 어렵게 느끼는 구문이 바로 '상태'를 나타내는 「have something p.p.」일 것입니다. 예를 들어 "비밀번호가 컴퓨터에만 저장돼 있어서요."라고 하면 본능적으로 "My password is saved only on my computer."식의 영작을 하게 되지요. 하지만 원어민은 "I have my password saved only on my computer."라고 표현하는 것을 볼 수 있습니다.

「have(get) something p. p.」를 적극적으로 사용하기 위한 팁을 드리자면 주어를 무조건 사람으로 두어야만 이 문형이 만들어진다는 점입니다. '이 문서를 외부에 맡기다'라고 할 때도 this document라고 입이 떨어져버리면 문형이 단순 수동태가 되고 말죠. "This document needs to be translated by an agency."와 같이 말이죠. 그런데 이런 문장은 사람 간의 대화 속에서 오가는 문장이 아닌 사내 보고서 또는 컨설팅 회사의 권고 사항 같은 느낌이 듭니다. 한국어로 보면 '이 문서 번역은 외주 맡길 것' 정도의 느낌을 주는 것이죠. 따라서 사람 간의 대화, 회의 시 서로 주고받는 말을 할 때는 "I think we need to have it translated by an agency."가 자연스럽게 들립니다.

몇 년 전 제가 가장 애정하는 브랜드 옷을 몇 벌 사서는 지인이 운영하는 편집숍에 보관해두고 있다고 했더니 원어민이 저에게 다음과 같이 말하더군요.

"Why don't you have it sent here?(보내 달라고 해요.)"

결국 자연스러운 5형식 문형들이 원어민의 입에서 나오는 것을 자주 듣고, 보고, 귀에 익어야 내 입에서도 나올 것입니다. 논리적인 이해는 필요조건 그 이상도 이하도 아닐 테니까요.

2. want + 목적어 + 목적보어

5형식 문형 가운데 놓치지 말아야 할 것이 바로 「want(would like) + 사람 목적어 + to부정사」입니다.

Nick이 자리를 비운 사이 본사 Jeff로부터 전화가 왔고, Nick 대신 전화를 받은 Samantha가 Nick에게 다음과 같이 말합니다.

"He wants you to call him back.(전화해 달래요.)"

이럴 때 필요한 구문이 바로 「want + 사람 + to부정사」입니다. 쉬운 문장인데도 want와 to call 사이에 you라는 목적어가 있어서인지 소리 내어 읽어 보면 뭔가 익숙하지 않은 느낌도 날 겁니다.

방에 페인트 칠을 하는 인테리어 사장님에게 "이 방은 파란색으로 해 주시고요."라고 할 때도 "I want you to paint this room blue."로 표현합니다. "Can you paint this room blue?"라고 하면 뭔가 부탁을 하는 느낌이기 때문에 돈을 지불하고 일을 하는 분에게는 'I want you to~'라는 표현이 좀 더 자연스럽게 들립니다. 그러고 보니 이 문장 역시 하나의 문장에 5형식 구문이 두 개나 들어가 있네요.(want 목적어 to부정사 + paint 목적어 목적보어)

이 문형은 의문문에서도 자주 사용되는데요. 직원이 사장님 방에 들어가면서 다음과 같이 말합니다.

"Do you want me to leave the door open?(문은 그냥 열어 둘까요?)"

위 문장은 '당신은 내가 ~하기를 원하나요?'라고 직역할 수 있지요.

좀 더 격식 있는 자리나 예의를 차려야 하는 상황에서는 'Do you want me to~' 보다는 'Would you like me(us) to ~'로 표현하는 것이 좋습니다.

Nick 선생님도 저에게 다음과 같은 카톡을 자주 보냅니다.

"I'm walking from the station. Would you like me to pick up some coffee?(커피 한 잔 사갈까요?)"

원어민이 입에 달고 사는 구문인지라 어서 내 것으로 만들었으면 합니다.

「want + 사물 목적어 + 목적보어」의 형태 역시 5형식의 한 축을 담당합니다. 특히 식당에서 주문 시 자주 등장하는 구문입니다.

A: How would you like your steak cooked?

　스테이크 어느 정도로 익혀 드릴까요?

B: I want it well-done.

　바싹 익혀 주세요.

3. consider + 목적어 + 목적보어

consider 역시 5형식 구문과 함께 하는 동사입니다. 「consider + 목적어 + 목적보어」 또는 수동태에서 「주어 + is considered + 목적보어」의 형태로 사용됩니다.

"다들 '테슬라' 하면 전기차의 선구자로 생각합니다."

위의 문장을 영어로 말해보라고 하면 열에 아홉의 학습자들이 다음과 같이 영작합니다.

"Many people think Tesla is a pioneer in EVs."

한국인이 사랑하는 구문 'I think that~'의 벽을 넘어서야만 원어민스러운 영어 스피킹을 기대할 수 있습니다. 위의 문장을 원어민은 다음과 같이 표현합니다.

넌 대체 몇 년째 영어 공부를 하고 있는 거니?

"Tesla is often considered a pioneer in EVs."

눈으로 보면 쉽습니다. 그래서 쓱 넘어갑니다. 그리고 내 입에서는 나오지 않습니다.

"5형식 consider, 난 안다고!"라고 하기 전에 "과연 나는 잘 쓰고 있는가?"부터 점검해야 하겠습니다.

4. keep, leave + 목적어 + 목적보어

keep과 leave 역시 5형식과 궁합이 맞습니다. 그렇다면 「keep + 목적어 + 목적보어」와 「leave + 목적어 + 목적보어」 이 둘의 차이는 무엇일까요? keep은 '목적어를 ~한 상태로 유지하다'이고 leave는 '목적어의 원래 상태 그대로 두다'라는 의미입니다.

예를 들어, "저는 (집의) 창문을 열어 둡니다."라는 말은 원래 창문이 열려 있던 걸 그대로 둔다는 것이 아닌, 창문을 open 상태로 유지한다는 말이겠지요. 따라서 leave는 어색하고 keep the window open이라고 합니다. 그래서 "I normally keep the window open."이 되는 겁니다.

몇 년 전 봄에 황사가 굉장히 심했을 때 Melinda 선생님이 먼지가 수북한 제 사무실에 와서는 왜 이렇게 더럽냐고 묻길래 "This is what I get for keeping the window open.(창문을 열어 두면 이렇게 되네요.)"이라고 했던 기억이 납니다. 이때 역시 '열어 둔 상태를 유지한다'라는 말이지요.

keep 동사는 매우 흥미롭습니다. 우리말과 반대로 가면 keep을 쓸 수 있답니다. 아들을 위해 깜짝 파티를 준비한 엄마가 딸에게 "케이크 준비될 때까지는 James가 이쪽 못 보게 해."라고 하는 경우에도 "Keep him distracted until the cake is ready."라고 하니까요.

배달하는 분들이 주문한 집에 음식을 전달하는 동안 오토바이 시동을 안 끄는 경우가 많더군요. 이럴 때 역시 "Most delivery guys keep their scooters running while they are dropping off food."라고 합니다. 흥미롭지 않나요? 우리는 don't turn off their scooters라고 했을 텐데요. turn off는 행위나 동작을 나타내기 때문에 '상태'를 나타내려면 「keep + something + 목적보어」 구문을 써야 합니다. '상태'를 명확하게 보여주는 예문을 하나 더 보겠습니다.

• Keep the gas turned off when you are not cooking.
요리를 하지 않을 때는 가스를 꺼 둬야 해.

leave는 keep과는 달리 '원래 상태로 두다'라는 뜻입니다. "Please leave the door open."은 문이 열려 있고 그대로 두라는 말이지요.

"남편이 일을 보고 변기 뚜껑을 안 닫으면 짜증이 나요."라는 말을 영어로 한다면 "It really bothers me when my husband leaves the toilet seat up."이라고 합니다. 소변을 보고 뚜껑이 '올려진 상태로 두다' 역시 원래 up 상태인 것을 그대로 둔다는 말이지요.

5. 지각동사(see, hear, feel, smell) + 목적어 + 목적보어

"지각동사 + 목적어 + 목적보어(동사원형, 현재분사, 과거분사)" 구문 역시 대표적인 5형식 문형입니다. 다만, 원어민이 지각동사로 표현하는 문장을 우리는 지각동사 없이 표현하는 경우가 많다는 점이 흥미로운 부분입니다. "네 상사랑 Tom이 카페에서 싸우고 있더라."를 영어로 어떻게 표현하겠어요?

> • Your supervisor and Tom were getting into it at the cafe. (지각동사를 활용하지 못한 문장)
>
> • I saw your supervisor and Tom getting into it at the cafe. (지각동사가 적절히 활용된 문장)

위 두 문장의 표현법 차이를 눈치채셨나요? 바로 saw라는 동사가 있고 없고의 차이입니다. 우리말에는 '시각적 표현'이 생략되는 경우가 많습니다. 다음 예시를 볼까요.

• 남자친구 분이 한 시간 전에 택시를 타던데요.
• Jeff가 헤드폰을 끼고 길을 걸어가고 있더군요.

위 문장들을 영어로는 다음과 같이 표현합니다.

• I saw your boyfriend getting into a taxi an hour ago.
• I saw Jeff walking down the street with headphones on.

"이래나 저래나 거기서 거기지 뭐……." 라고 넘어갈 것이 아니라 이왕이면 원어민이 하는 표현 방식대로 영어를 구사할 수 있으면 좋지 않겠어요?

지금까지 '말하기에 필요한 5형식 구문' 몇 가지를 살펴봤습니다. 내일 당장 5형식 구문이 입에서 술술 나온다면 더할 나위 없이 좋겠지요. 하지만 익숙해지려면 그리고 내 입에서 편하게 나오려면 많은 노출과 의식적인 관찰이 필요합니다. 5형식 문형이 보이고 들릴 때마다 놓치지 말고 잘 메모해두는 습관부터 가지면 어떨까요? 그게 쌓이고 쌓이면 머지않아 내 입에서도 자연스럽게 나오지 않을까 싶습니다. 다음을 꼭 기억했으면 좋겠습니다.

"5형식을 피하면서 영어 잘하는 사람이 될 수는 없다!" ❋

전치사, 이것만 알면
내 영어가 자연스러워진다

다음 한글 문장은 영어로 어떻게 표현할까요?

- 지금 음소거 되어 있네요. 안 들려요.
- 오늘 제가 컨디션이 별로네요.
- 너 아직 대학 친구들이랑 연락하니?
- 스쿠터 타고 온 거예요?

- You are on mute. I can't hear you.
- I don't feel like I'm at my best today.
- Are you still in touch with your friends from university?
- Did you get here on your scooter?

네 문장 모두 '전치사'로 표현했다는 점이 공통점이군요. 상태를 나타내는 on, at, in 그리고 교통수단을 나타내는 on이 쓰였습니다.

이렇듯 거의 모든 영어 문장에서 등장하는 '전치사', 말과 말을 연결시켜 주는 역할을 하는 이 친구를 빼놓고는 원어민스러운 영어를 구사하는 건 불가능하겠죠. 우선 한국 학습자에게서 흔히 발견되는 전치사 실수 몇 가지를 살펴보면서 이야기를 시작하겠습니다.

"discuss는 타동사라서 about 없이 바로 목적어를 취한다. 그런데 우리 말은 '~에 관해 논의하다'로 표현되다 보니 학습자들이 계속 discuss about something이라고 한다."

개인적으로는 '전치사' 하면 위의 사례가 먼저 떠오릅니다. 우리에게 전치사는 '실수가 잦은 대상', '틀리면 안 되는 것', '봐도 봐도 헷갈리는 것'이라는 이미지를 가지고 있는 것 같습니다. 저 역시 discuss는 바로 목적어를 취한다는 이론적 지식을 가지고 있음에도 about이 불쑥 튀어나온답니다.

몇 년 전 《뉴욕 타임스*The New York Times*》의 사설에서 인상적인 내용을 보았습니다. 아시아인이 계속 discuss about이라고 하는데, 이런 식으로 표현하는 인구수가 너무 많아서 이제는 인정을 해야 되는 게 아닌지 그리고 사전에서도 이를 규범 문법의 범주에 넣어야 할지를 다루는 기사였습니다. 그만큼 영어를 외국어로 학습하는 우리들에게 어렵고 헷갈리고, '언젠가는 깔끔하게 정리를 하긴 해야 하는데……'라고 생각하는 숙제 아닌 숙제가 바로 '전치사'가 아닐까요?

논리적인 설명이 가능한 전치사에서부터 논리적 접근 보다는 단순 암기를 하는 것이 더 빠른 전치사에 이르기까지 '전치사'라는 친구, 정말 골칫덩어리입니다.

남녀 관계에 있어서 '누구랑 사귀다'라는 의미의 date는 타동사이기 때문에 date someone으로 표현하는 것이 맞지만 다수의 학습자가 date with someone으로 표현하는 것을 볼 수 있습니다. 우리말이 '누구와 사귀다'이기 때문이겠죠.

'연락을 취하다'라는 뜻의 contact도 마찬가지입니다. 이 역시 타동사이기 때문에 contact someone이 맞습니다만 '누구와(또는 누구랑) 연락하다'라는 우리말의 영향을 받아서 contact with someone으로 표현하기 일쑤입니다.

'접근하다'라는 의미를 지닌 access 역시 access 다음에 전치사 없이 바로 목적어가 와야 합니다. "I strongly recommend this neighborhood. It has decent stores and convenient access to public transportation.(이 동네 강추합니다. 좋은 가게들도 많고 대중교통 접근성도 뛰어납니다.)"와 같이 말할 때는 access가 명사로 사용되었기 때문에 access to something의 형태가 맞지만, "Most people use their phones to access the Internet.(대부분의 사람들은 전화기로 인터넷에 접속한다.)"과 같이 동사로 사용될 경우 to 없이 바로 목적어를 취합니다.

다음은 장애인들에 대한 차별을 다룬 글에서 발췌한 문장입니다.

"Courtney Free, 26, completed a short-term internship as part of her law degree, but couldn't access the building's bathroom."

"26살인 Courtney 씨는 법학과 학생으로 짧은 인턴십을 마쳤다. 하지만 그녀는 자신이 근무한 건물의 화장실을 쓸 수가 없었다."

"화장실에 접근할 수(사용할 수) 없었다."라고 할 때도 couldn't access the building's bathroom이라고 표현하는군요. 한국어의 '화장실에'라는 조사 때문에 우리가 to를 쓰는 실수를 하는 것이죠.

'~에 도달하다', '연락이 닿다'의 reach 역시 reach to가 아닌 reach 다음에 목적어가 오는 형태가 맞습니다. "I couldn't reach the top shelf.(맨 꼭대기에 손이 안 닿더라고요.)"와 같이 표현해야 하는데, reach to the top shelf 라고 하는 분이 은근히 많더군요.

앞에서 소개한 사례에 대한 올바른 영어의 예시를 보겠습니다.

- Have you ever dated a Japanese woman?

  일본 여성 만나본 적 있나요?

- Feel free to contact me any time.

  언제라도 편하게 연락주세요.

- You can access the materials on Google Docs.

  구글닥스에 올려 놓은 자료를 보시면 됩니다.

- When she reached the top of the stairs, her heart was pounding.

  계단 맨 위쪽에 다다랐을 때 그녀의 심장은 쿵쾅쿵쾅 뛰고 있었다.

이제 본격적으로 전치사 이야기를 한번 해 볼까요?

넌 대체 몇 년째 영어 공부를 하고 있는 거니?

1. 전치사는 기본적으로 사람과 사물, 장소를 공간적으로 연결시켜주거나 공간상의 위치 및 위치의 이동을 나타낸다

공간을 나타내는 전치사 at의 경우 한 지점을 중심으로 그 부근(근처)을 나타냅니다. 입구 쪽에서 보자고 하면 "I will see you at the entrance."라고 합니다. '버스 정류장', '입구에서', '3번 출구 쪽' 등과 같이 경계(구분선)가 불분명한 공간의 경우 at the bus stop, at exit 3, at the entrance와 같이 표현합니다. LA 한인 타운 입구 쪽에 위치한 H Mart 역시나 "H Mart is located at the entrance of Koreatown."이라고 표현하는 것을 볼 수 있습니다.

"네가 하루 종일 책상에 앉아서 일을 해서 허리가 아픈 걸 거야."라고 하는 경우 역시 "Your back is probably sore from sitting at a desk all day."라고 합니다. 한국어 표현 '책상에 앉아서 일하다'는 책상을 중심으로 그 주변에 앉아서 일한다는 말 아니겠어요? 따라서 at a desk라고 하는 거지요.

"역삼역 3번 출구에서 보자."라는 말은 3번 출구를 중심으로 그 인근을 이야기하는 말이며 at exit 3가 맞습니다. 그래서 "How about we meet at Yeoksam Station, exit 3?"로 표현합니다. 특정 지점을 가리킨다고 배운 at은 실제로는 지칭하는 범위가 꽤나 넓다는 것을 알 수 있는 대목이죠. 그 인근 편의점에서 기다려도 되는 것이니까요.

장소를 나타낼 때 언제 at을 쓰고 언제 in을 쓰는지도 헷갈립니다. "지금 어디니?"라는 친구의 메시지에 "지금 그 카페에 있어."라고 한다면 in the cafe일까요? at the cafe일까요? at the cafe가 맞습니다. in the cafe라고 하면 물리적인 공간이 강조되어 '그 카페(건물) 안' 이라는 뉘앙스를 주는 반면, at the cafe라고 하면 공간이 아닌 카페 자체가 강조되지요. "공항에 있어.", "백화점에 있어.", "롯데마트야."와 같은 경우 모두 at the airport, at the department store, at Lotte Mart라고 한답니다.

'재택근무'를 영어로는 work from home이라고 하는데, 그렇다면 work at home은 안 되나요? 하는 질문이 생깁니다. 이 부분은 어떻게 이해해야 할까요? '재택근무'는 '사무실 근무'와 구분(대비)되는 개념이기 때문에 from이라는 전치사를 쓰는 겁니다. 즉, 출처(사무실이 아닌 집)를 구분하는 것이지요. 한국어가 '집에서 일하다'이다 보니 '도대체 왜 from home이라고 해야 하는 거지?'라는 의문이 생길 수 있을 텐데요. 이는 평소에 아르켓에서 옷을 사던 Tom이 "이 셔츠는 아르켓이 아닌 띠어리에서 샀어.(I bought this shirt from Theory.)"라고 하는 상황과 같다고 보시면 됩니다.

'어디에서 ~을 구매하다'라고 하면 'buy something at 장소'라고 표현하지만 '구분' 또는 '강조'를 할 때는 from을 사용하게 되는 것입니다. 다음 예시처럼 말입니다.

"You can get masks pretty much everywhere in Seoul. You can get them online nowadays, but most people buy them from pharmacies."
"마스크를 어디에서도 살 수 있다. 요즘은 온라인에서도 구매 가능하다. 그래도 대부분은 온라인이 아닌 약국에서 구매한다."

넌 대체 몇 년째 영어 공부를 하고 있는 거니?

버스, 택시, 지하철, 엘리베이터 등과 같은 교통(이동) 수단에 올라탈 때는 각각 어떤 전치사를 쓸까요? "나 지금 지하철 타."라는 문장은 "I am getting on the subway."라고 해서 on을 사용합니다. 영미인들은 지하철 객차, 엘리베이터 등을 마치 사람이 말에 올라타듯이 높은 곳에 올라가는 이미지를 가지고 있습니다. '엘리베이터에 오르다' 역시 get onto the elevator로 표현됩니다. 다음의 예시에서도 확인할 수 있는 부분이지요.

"I'm sorry to say I'm running a bit late- maybe 10 minutes. I'll let you know more exactly when I get on Line 4."

"미안한데 10분 정도 늦을 것 같네요. 4호선 타면 좀 더 정확하게 알려 드릴게요."

이 경우 역시 get on Line 4라고 표현하는군요. 이에 반해 일반 승용차, 밴, 택시 등은 get in the van, get in a taxi에서 처럼 in을 사용하는데, 내가 있는 위치(도로)와 동일한 높이에 있다는 생각 때문인지 '안에 들어가다'라는 논리입니다.

살짝, 조금 떨어진 '위에', '위의'를 표현할 때는 over를 사용합니다. "고기는 숯불에 구워야 제맛이지."라고 할 때는 숯불의 표면 위에 바로 고기를 올리는 것이 아닌 살짝 띄워서 올리겠죠. 따라서 "Meat tastes best when it's grilled over charcoal."이 올바른 표현법입니다.

다음 예문에서 보듯 '휴지로 입을 가리다' 역시 숨쉴 공간은 남겨두고 가리는 것일 테니 over her mouth라고 표현하는군요.

• On the subway here, there was a woman who didn't have a mask on. Instead, she was just holding a tissue over her mouth.

지하철에서 마스크를 안 쓴 여성분이 있었어요. 휴지를 입에 대고 있더군요.

개인적으로 전치사 over를 생각하면 다음의 표현이 가장 먼저 떠오릅니다. "Something went over my head. (네 설명, 또는 유머가 이해가 잘 안 된다.)"

상대가 한 설명 또는 재미있는 유머가 내 머리 위를 '슝'하고 날아가 버리니 '못 알아듣겠다', '이해가 안 된다'라는 의미이지요. 재미있는 관용 표현이네요.

2. 전치사는 주어의 상태 또는 상태의 변화를 나타낸다

우리는 상태를 나타낼 때 형용사로 표현하는 것에 익숙합니다. 그도 그럴 것이 '엉망인', '위험한', '침체된', '건강한' 등의 한국어가 형용사 모양을 하고 있기 때문이겠죠. 하지만 원어민은 「전치사 + 명사」로도 상태를 표현하는 것을 볼 수 있습니다. 다음은 원어민이 자주 쓰는 「전치사 + 명사」의 예들입니다.

in touch, in trouble, in a mess, in love, on vacation, on maternity leave, at risk, in decline, in need of, on the rise, on medication, in a good mood, in a rush, in good shape, in fear(anger), on the same page, in agreement

"그 분은 나이를 생각하면 정정하다."라고 하면 "He is still in pretty good

넌 대체 몇 년째 영어 공부를 하고 있는 거니?

shape for his age."로 표현합니다. "저 출산 휴가 중이에요."라고 하는 경우 "I am on maternity leave."라고 해서 on leave 라는 표현이 상태를 나타내게 되고, "그 분 얼마나 급했으면 신발도 안 신고 나갔네."라는 문장 역시 "She was in such a hurry that she went out without shoes on."이라고 표현합니다.

상태를 나타내는 전치사의 경우 장기간의 트렌드나 흐름을 나타낼 때도 사용됩니다. "Sales are on the rise.(매출이 증가세를 보이고 있다.)"라고 표현하면 일정 기간 동안의 흐름 또는 추세를 말하는 뉘앙스입니다. "The manufacturing industry is in decline.(제조업이 쇠퇴하고 있습니다.)" 역시 in decline이 '하향세'라는 흐름을 나타냅니다.

제가 좋아하는 미드 중 하나인 〈This is Us〉에는 다음과 같은 대사가 나옵니다. 최근 낡은 건물을 인수한 주인공이 입주민이 모인 자리에서 하는 말입니다. '수리가 필요한 상태의'라는 의미로 in need of repairs로 표현하는군요.

"We are aware that this building is in need of significant repairs."
"저희가 모르신다고 생각하겠지만 저희 역시나 이 건물이 대대적인 수리가 필요하다는 점을 알고 있습니다."

축구 선수 메시Lionel Messi 아시죠? "메시가 (현 소속팀과) 내년 여름까지 계약이 되어 있다."를 영어로 "Lionel Messi is under contract until next summer."라고 합니다.

병원에 가면 받게 되는 문진표에서 다음의 문장을 마주하게 되네요. '약을 복용 중인'이라는 의미로 on medication을 사용합니다.

- Are you currently on medication?

  현재 복용 중인 약이 있습니까?

3. 전치사 활용을 못하니 because를 입에 달고 산다

선택의 이유를 나타내는 for

- I chose the iPhone for its design.

  디자인 때문에 아이폰으로 선택했어요.

- Is she with him for his money?

  그 여자분 그 남자 돈 보고 만나는 거야?

위 두 문장의 공통점은 선택과 결정의 이유나 목적을 because가 아닌 for로 표현하고 있다는 점입니다. '이유'의 전치사 for인 것이죠. 눈으로 보면 아는데 내 입에서는 안 나오는 대표적인 사례가 아닌가 싶습니다. 전치사를 잘 쓰면 because의 남용을 줄일 수 있습니다.

결과의 원인을 나타내는 for

- He got told off for coming in late.

  지각해서 혼났다. (tell off는 '혼내다'라는 뜻입니다.)

- They are closed for remodeling

  그 집 리모델링 한다고 영업을 안 해.

첫 번째 문장의 for는 이유이며 '어떠한 행위 때문에(대해서)'라는 용법입니다. 이 경우 역시 한국 학습자 대부분 because로 표현하는 것을 보게 됩니다. 그 다음 문장은 리모델링 때문에 영업을 안 한다고 해서 for reasons of의 의미를 지닌 용법입니다. 이 경우에도 우리는 거의 because를 씁니다.

결과의 원인을 나타내는 from

- I broke my arm from falling off my bike.

  자전거에서 떨어지는 바람에 팔이 부러졌다.

- I think I'm spoiled from living in Paris.

  제가 파리에 살아서 그런지 웬만한 음식은 성에 안 차네요.

- I have a terrible hangover from drinking too much last night.

  과음을 해서 숙취가 너무 심해.

첫 번째 문장에서 팔이 부러진 원인을 설명할 때 'from ~ing'로 표현하는 것을 볼 수 있습니다. 그 다음 문장은 파리에서 3년 간 살면서 좋은 음식은 다 먹어본 분이 하는 말입니다. 세 번째 "과음을 해서 숙취가 너무 심해."라는 문장 역시 원인을 from으로 표현하고 있네요.

4. "정가가 얼마이다" vs. "얼마 주고 산 거니?" (at vs. for)

다음 문장에서 at과 for의 차이는 무엇일까요?

> This camera normally sells at $2,000, but it's on sale for just $1,000
> this month.

"원래는 2천 달러(정가)인데 이번 달은 세일을 해서 천 달러(할인가) 입니다."
라는 의미의 문장입니다. 똑같은 가격인데 왜 앞에서는 at, 뒤에서는 for를 쓸
까요? at은 정가를 나타냅니다. 반면 for는 정가가 아닌 가변적, 임의적, 일시
적 가격을 나타냅니다. 다음 예시를 한번 보시죠.

- I got this scooter for 300,000 won.
  이 스쿠터 30만 원에 샀다.

이 문장을 가만히 보면 "30만 원을 주고 이 스쿠터를 손에 넣었다."는 말
입니다. 이렇듯 가격을 나타낼 때의 for는 정가를 나타내는 at과 달리 구매 시
점, 세일 여부, 구매 대상 등에 따라 바뀌는 가격입니다.

5. 목적을 나타내는 for

학생들과 영어로 대화하다 보면 다음과 같이 표현하는 것을 볼 수 있습니다.

"I went out and had dinner with Nick last night. (어제 밤에 나가서 Nick이랑 저녁 먹었어요.)"

물론 맞는 문장입니다. 그렇다면 다음 문장은 어떤 의미일까요?

- I went out for dinner with Nick last night.

"저녁 먹으로 나갔다."라는 말이겠죠. 한국 학습자들은 목적을 나타내는 for 활용에 익숙하지 않습니다. 다음 문장도 마찬가지입니다.

- Can I go out just a couple of minutes for some fresh air?
  2-3분만 밖에 나가서 바람 좀 쐬고 와도 될까요?

위의 문장의 경우 "Can I go out just a couple of minutes and get some fresh air?"라고 할 수도 있겠으나 '목적'을 나타내는 전치사 for의 사용 습관을 들이기 위해서라도 위의 예시처럼 표현하는 것에 익숙해질 것을 추천 드립니다.

6. "이 차 팔면 얼마나 받을 수 있을까?" (대상을 나타내는 for)

스쿠터를 타고 다니는 Nick 선생님이 저에게 이런 말을 한 적이 있습니다.

"How much do you think I can get for my scooter? (이 스쿠터를 팔면 얼마 정도 받을 수 있을까요?)"

유심히 듣지 않으면 그냥 넘겨버릴 이 문장이 저에게는 신선한 충격이었습니다. 저라면 그리고 대부분의 한국 학습자라면 '이 스쿠터를 팔면'을 어떻게 표현했을까요? 틀림없이 'If I sell my scooter ~'라고 했을 거라는 생각이 들었고 실제로 그렇게 표현하는 경우가 많습니다.

그동안 대상을 나타내는 for를 안다고 생각해서 대수롭지 않게 여겨왔던 것 아니겠어요? "개똥도 약에 쓰려면 없다."라는 말이 있습니다. 안다고 생각하는 걸 더 다져야 할 때입니다.

다음의 문장 역시 대상을 표현하는 for입니다.

- 24,000 won for a whole fried chicken? That's double what it was just a year ago!

  무슨 프라이드 치킨이 2만 4천원이야! 일 년 전의 두 배 잖아!

7. Next Wednesday vs. For next Wednesday (구분의 역할을 하는 for)

다음 예시들을 보겠습니다.

- For next Wednesday, do you mind if we meet at 6?

  다음 주 수요일의 경우 6시에 봐도 될까요?

- We don't take orders for food after 9 pm.

  식사 주문은 9시까지만 받습니다.

- Sales for March fell sharply.

  3월 매출이 큰 폭으로 떨어졌습니다.

넌 대체 몇 년째 영어 공부를 하고 있는 거니?

일반적으로 요일 앞에는 전치사 on이 붙습니다. 그리고 월, 달 앞에는 in을 쓴다고 알고 있습니다. 그런데 왜 for next Wednesday와 for March일까요?

첫 번째 문장의 경우 '보통은 수요일 5시에 만나는 데, 다음 주 수요일의 경우 6시에 만나도 될까요?'라는 의도의 문장이며, 두 번째 문장에서는 '음료 주문은 9시 넘어서도 받는데, 식사 주문은 9시까지만 받는다.'라는 말입니다. 마지막 문장의 경우 sales in March도 맞는 표현이나 월별 매출을 비교하는 상황이기 때문에 다른 달과 구분짓는 느낌이 납니다. sales for March, sales for April과 같이 말이죠. 이렇듯 전치사 for에는 구분의 용례가 있다는 점도 기억해야겠습니다.

8. 그 외 전치사의 여러 가지 용법

considering의 의미를 가진 for

- It's rather cold for such a sunny day, isn't it?

  맑은 날 치고는 꽤 춥다, 그렇지?

- She is rather tall for an Asian girl.

  아시아 여자 치고는 꽤 키가 크다.

- My rent is really low for the size of the house.

  집 크기를 생각하면 집세가 진짜 싸다.

- The amusement park was surprisingly crowded for a school day.

  애들 학교 가는 날인 점을 생각하면 놀이동산에 사람이 많더군.

밥이나 음료, 술 등을 '먹으면서(마시면서)'라고 할 때의 over

- Let's catch up over lunch.

  점심 하면서 밀린 이야기하자.

- Maybe we could talk about that over dinner.

  그 이야기를 저녁 먹으면서 하면 어떨까요?

- Pretty much every Korean loves bonding over pork belly and soju.

  한국인은 삼겹살과 소주를 하면서 친해진다.

'~하기에는'이라는 의미의 for

- The weather is too cold for a picnic.

  소풍 가기에는 날씨가 너무 춥다.

- The elevator is too small for my furniture.

  가구가 들어가기에는 엘리베이터가 너무 작다.

- Do I look professional enough for my interview?

  이 정도는 면접 볼 수 있겠지?

'~하기에는'이라는 의미의 for야 말로 눈으로 보면 다 아는 부분인데도 우리가 원어민과 다른 방식으로 표현하는 대표적인 사례입니다.

절대 다수의 학습자가 too cold to go on a picnic, too small to fit my furniture in, to have my interview와 같이 to부정사로 표현하는 것을 볼 수 있지만, 'for 명사' 방식의 표현이 가진 장점이 있습니다. to부정사를 쓰게 되

넌 대체 몇 년째 영어 공부를 하고 있는 거니?

면 목적어와 어울리는 동사를 생각해 내야 한다는 어려움이 생기는 반면 'for 명사'를 쓰면 애초에 그런 고민이 필요 없어진답니다.

지면이 허락한다면 전치사 이야기로 밤을 지새면서 이야기를 나누고 싶을 만큼 영어 말하기와 쓰기에 꼭 필요한 전치사가 많습니다. 한 가지 유념해야 할 점은 까다롭기만 하며 실제 쓸 일이 많지 않은 전치사를 공부하기 보다 원어민이 일상 대화나 글쓰기 등에서 매일 같이 쓰는 전치사를 밀도 있게 학습한 후, 미드 또는 그들과의 실제 대화나 영어로 된 글을 통해 이론적 지식으로써의 전치사를 실제 상황에서 자주 마주해 보면서 자연스러운 '습득' 과정을 거치는 것입니다. 전치사, 헷갈린다고 피할 수 있는 존재가 아니라는 것을 기억합시다. ❀

원어민이 쓰는 비교급
내 영어에 날개를 달아 주는구나!

비교급! 얼마나 잘 쓰고 있으신가요? 다음 세 문장을 영작해 보면서 비교급에 관한 저의 생각을 공유해 보겠습니다.

- 예전만큼은 운동을 못하고 있어요.
- 생각보다 훨씬 빨리 왔어요. 차가 많이 안 막히더라고요.
- 보니까 요즘 도로에 차가 반으로 줄었더군요.

- I don't exercise as much as I used to.
- I got here way faster than I thought. There wasn't much traffic.
- I noticed that there is like half as much traffic these days.

첫 번째 문장은 '원급 비교', 두 번째 문장은 '비교급 비교', 세 번째 문장은

넌 대체 몇 년째 영어 공부를 하고 있는 거니?

'배수 비교'입니다. 먼저 비교급에 대한 기본적인 설명을 드린 후 '비교급, 생각보다 잘 쓰기 어려운 이유'를 말씀드리겠습니다.

비교급의 형태

1. 원급 비교: as 형용사[부사] as
2. 비교급 비교: ~er(more[less]) ~ than
3. the 비교급, the 비교급
4. (the) 최상급
5. 배수 비교: 배수 as ~ as, 배수 the 명사, 배수 what 명사절

원급 비교, 비교급 비교, 배수 비교를 사용하여 영어로 어떻게 표현하는지 한번 볼까요?

원급 비교

- 반려동물 키우는 게 보기보다 쉽지 않아.

  ⇒ Raising a pet isn't as easy as it seems.

- 요즘 외식을 많이 줄였어요.

  ⇒ I don't go out to eat as much as I used to.

- 올해 2월은 작년 보다는 덜 춥네.

  ⇒ It feels like Feb isn't as cold this year as it was last year.

비교급 비교

- 엄마가 아빠 보다 키가 커요.

  ⇒ My mom is taller than my dad.

- 버스가 지하철 보다 더 편해요.

  ⇒ The bus is more comfortable than the subway.

- 앱에는 10도라고 나오는데, 그것보다 더 추운 것 같아.

  ⇒ My app says it's 10 degrees, but it feels much colder than that.

- 두유가 우유보다 훨씬 더 몸에 좋아.

  ⇒ Soymilk is much healthier than cow's milk.

- 고쳐서 쓰는 것 보다 새로 사는 게 더 싸게 먹히는 경우도 있습니다.

  ⇒ Sometimes it's less expensive to buy a new one than to have it repaired.

- 요즘 연남동에 사람 많아졌어.

  ⇒ Yeonnamdong is busier these days.

배수 비교

- 제가 쓰고 있는 레드미 폰이 새로 나온 갤럭시 폰의 반 값이에요.

  ⇒ My RedMi phone is half as expensive as the new Galaxy.

- 술 마실 때는 평소보다 물을 두 배 마셔야 해.

  ⇒ You should drink twice as much water (as you usually do) when you drink alcohol.

넌 대체 몇 년째 영어 공부를 하고 있는 거니?

- 급여가 전보다 반 밖에 안 되긴 해도 지금 직장이 좋아요.

  ⇒ I still like my current job, even though they don't (even) pay half
    what I used to earn.

1. 원급 비교, 몰라서가 아니라 떠오르지 않아서 못쓴다

비교급 표현법, 그 중에서도 원급 비교가 입에 안 붙는 이유는 무엇일까요?
다음은 "Why I live a zero waste life"라는 제목의 TED 스피치에서 발췌한
내용입니다.

주인공이 어느 날 저녁을 준비하기 위해 냉장고 문을 열어보니 이전에는
의식하지 못했던 게 눈에 보이기 시작합니다. 바로 자신의 냉장고 안에 있는
음식이 전부 플라스틱 통에 담겨 있었던 것입니다. 친구에게 1회 용품을 쓴다
고 뭐라고 한 자신이 한심하게 느껴집니다. 그리고는 다음과 같이 말합니다.

"알고 보니 저도 별반 다르지 않더라고요."

바로 이 문장입니다. 연사는 "It turns out that I was just as bad."라고 표
현합니다. 이 때 just as bad 다음에는 as my friend가 생략된 것이며, 원급 비
교에서는 비교 대상이 분명한 경우 생략하는 경우가 많답니다.

원급 비교라고 해서 'as ~ as'를 암기하고 관련 예문도 외웠는데, 원급 비
교를 떠올리지 못하는 것을 자주 보게 됩니다. 성인이 된 후의 외국어 학습은

모국어 간섭이 심하게 발생하기 때문에 한국어의 생긴 모양만 좇다가 영어에서의 원급 비교는 생각조차 나지 않는 겁니다.

전체적인 맥락 이해를 돕기 위해 원문을 공유해 봅니다.

"One day after class, feeling still upset about watching her throw everything away, I went home to make dinner, and I opened my fridge, and noticed something that I had never seen before. Every single thing in my fridge was packaged in plastic, and I couldn't believe it. You know I was getting so mad at this girl for making so much plastic trash, and it turns out that I was just as bad."

다음의 문장들도 같은 맥락입니다.

• 수입이 줄었어요.
• 5년 전이랑 비교해보면 전기차 가격이 많이 떨어졌습니다.

'수입이 줄었다'와 '가격이 떨어졌다'를 단어 대 단어로 옮기는 습관 때문에 '증감'의 동사인 drop이나 fall을 사용하여 My income dropped, The prices fell 등으로 표현하는 분이 많습니다. 원어민은 다음과 같이 표현합니다.

• I'm not making as much as I used to.

• Electric cars are not as expensive as they were 5 years ago.

다시 말해 '증감'을 나타낼 때 원급 비교로의 표현에 익숙해져야 하는데, 우리는 '줄었다', '감소하다'라는 drop이나 decrease와 같은 동사로 표현해 버리기 때문에 원급 비교를 쓸 수 있는 기회를 번번이 놓치게 됩니다.

2. 원급 비교는 완곡어법이다

"저보다 키 작은 사람이랑은 안 만나요." VS. "그래도 키가 저만큼은 돼야죠."
첫 번째 문장은 직설적 표현법인 반면 두 번째 문장은 완곡어법입니다. 영어에서 원급 비교는 완곡하게 표현할 수 있는 장점이 있습니다. 다음 문장 처럼요.

• I refuse to date anyone who isn't as tall as me.
　(직역: 저만큼 키가 크지 않은) (의역: 키가 저만큼은 되어야)

"저 요새 운동 안 해요." VS. "저 운동을 하기는 하는데 예전보다는 덜해요."
두 번째 문장과 같은 표현 방식이 'as ~ as' 구문인 것이죠. '아예 안 한다'거나, '너무 적게 한다'가 아닌 '하긴 하는데 예전보다는 적게 한다'는 의미로 "I am not exercising as much as I used to."라고 합니다.

3. 우리말과 영어의 표현 방식 차이가 비교급을 어렵게 만든다

다음 문장을 영어로 생각해 보세요.

"그에 대한 신뢰가 많이 깨졌어요."

대다수 한국 학습자는 위의 문장을 보고 비교급을 떠올리지 못합니다. '신뢰가 깨지다'라는 한국어를 글자 대 글자로 옮기려고 하기 때문입니다. 위의 문장이 내포하고 있는 의미는 "예전에 비하면 믿음이 덜 간다."라는 말이겠죠. 따라서 원어민은 다음과 같이 표현하는 것을 볼 수 있습니다.

"I trust him less than I used to."

"용리단길에 요즘 사람 많아."라는 문장에 내포된 의미는 "용리단길에 예전보다 사람이 많아졌어."라는 것이니 "Yongnidangil is busier these days."라고 표현합니다.

4. 한국어에서의 최상급은 영어로는 비교급으로 표현된다

《윔피 키드*Diary of a Wimpy Kid*》라는 동화에는 다음과 같은 내용이 나옵니다.

"우리 모두가 마지막 경기를 이기고 싶었다. 하지만 누구보다 엄마가
가장 간절했다."

한국어에 '가장'이라는 말이 있으니 most를 떠올릴 겁니다. 그런데 원어

민이 일상 대화에서 쓰는 문장을 살펴보면 비교급으로 최상급을 표현할 때 좀 더 자연스럽게 들리는 경우가 많습니다. 위의 문장 역시 "No one wanted it more than Mom."이라고 표현합니다.

비교급을 문법적(시각적, 기능적 측면)으로 학습하는 건 어렵지 않지만 상황에 맞게 쓸 수 있는 건 별개의 문제인 듯합니다.

"적어도 서울에서는 이 집 빵이 최고야."

이런 한국어에서의 최상급 역시 "You can't find any better bread (than this) in Seoul."이라고 표현하면 정말 자연스럽게 들립니다.

"회사에서 빡세게 일하고 난 뒤에는 시원한 맥주 한잔하는 게 최고지."

이걸 something is the best라고 하면 좀 웃기게 들릴 겁니다. 사람이 말하는 것 같지 않고 로봇이 말하는 듯한 느낌이랄까⋯⋯. 그게 아니라면 오버스러운 광고 문구의 느낌입니다. 이 문장은 "There is nothing better than a cold beer after a long day at work."라고 해야 자연스럽습니다.

이렇듯 일상 대화문에서는 비교급으로 최상급의 효과를 내는 문장들이 너무나 많답니다.

5. 배수 비교, 전혀 모르겠다고요?

half, twice, three times 등을 배수라고 하는 건 아실 겁니다. 영어에서 배수 비교는 다음과 같은 형태를 띠고 있습니다.

· 배수 + 원급 비교 또는 비교급 비교

- 배수 + the 명사

- 배수 + 명사절

배수 비교를 사용하여 영어로 어떻게 표현했는지 한번 보겠습니다.

- 요즘 차가 반으로 줄었어.

  ⇒ There is like half as much traffic (as before) these days.

- 성인용 마스크는 내 얼굴 크기의 두 배야.

  ⇒ Adult masks are twice the size of my face.

- 테슬라 주가가 올해 초 보다 여섯 배나 올랐다.

  ⇒ Tesla's stock prices are now 6 times what they were at the
    beginning of the year.

비교급 설명에서도 말씀드린 것처럼 '줄었다'를 동사로만 표현하려고 하니 half as much traffic을 떠올리지 못하는 것이며 '크기가 두 배야'라고 할 때 두 배가 twice인 건 알겠는데 그 뒤를 어떻게 처리해야 할 지 헷갈려서 어려운 것입니다. 마지막으로 배수 비교의 세 번째에 해당하는 「배수 + what 명사절」의 경우 모양 자체부터 생소할 것 같습니다. 하지만 일상 대화, 신문 기사 등에서 두루두루 사용되는 패턴이랍니다.

지금까지 비교급에 대한 저의 생각을 간략하게나마 공유해 보았습니다. '비교급' 하나만 가지고도 책 한 권을 쓸 수 있겠다 싶지만, 여기서는 독자 분

넌 대체 몇 년째 영어 공부를 하고 있는 거니?

들이 비교급을 그동안 잘 쓰지 못했던 이유에 대해 환기하는 정도로 글을 마무리하겠습니다. ✳

풀어 써야 자연스럽다

자동차 수리점에서 기사 분이 고객에게 다음과 같이 말을 합니다.

"I'll tell you what you've got here."

"당신 차에 무슨 문제가 있는지 말해줄게요."라는 의미의 위 문장은 '명사절로 풀어 써야 자연스럽다.'라는 문구를 압축적으로 보여주는 결정적 문장이라고 생각됩니다.

〈에밀리 파리에 가다Emily in Paris〉를 보면, 최근 자신의 음식점을 오픈한 가브리엘이 식당 외벽색을 칠하고 있는 상황에서 에밀리에게 다음과 같이 말합니다.

가브리엘: What do you think of the new color?

새로운 색깔 어때요?

에밀리: What was it before?

원래는 무슨 색이었는데요?

가브리엘: It was the same. I'm painting it back to what it was.

같은 색상이었죠. 다시 원래 색깔로 칠하고 있어요.

여러분은 위의 상황에서 '원래 색깔'을 영어로 어떻게 표현하시겠습니까? the original color? the previous color? 드라마 속에서 쓰인 영어 문장은 "I'm painting it back to what it was."입니다.

무심코 보면 감흥이 없는 부분일 수 있지만 '명사절 사용 습관(풀어서 표현하기)'은 영어식 표현법의 핵심적인 부분이며, 이는 특히 구어체 영어에서 두드러지게 나타나는 현상입니다.

"저는 집과 회사가 가까워요."라는 문장 역시 다수의 학습자가 회사를 my company로 표현하는 것을 볼 수 있지만, 원어민은 다음과 같이 표현하는 경우가 훨씬 더 많습니다.

"I live close to where I work."

많은 분이 "장점이 영어로 뭔가요?"라는 질문을 합니다. merit, advantage, upside, benefit, strength……. 이 중에 뭘 써야 할지 모르겠다는 고민에 빠지더군요. 다음 한글 문장을 영어로 옮겨보겠습니다.

"볼일도 보고 아이도 돌볼 수 있다는 것이 재택근무의 장점이죠."

명사절로 풀어쓰는 습관이 안 된 학습자들의 경우 '장점'이라는 한국어 단어에 얽매이게 되며, 이에 대응되는 영어 명사를 찾기에 급급합니다. 그런데 위의 문장은 다음과 같은 자연스러운 명사절로 표현됩니다.

"What is great about working from home is that I can run errands and take care of my kids."

다음은 얼마 전 제가 원어민 선생님에게서 받은 카톡 내용의 일부입니다.

"Would you like me to send you what I have so far?(우선 지금까지 만든 자료라도 보내드릴까요?)"

'지금까지 만든 자료'라고 하면 저도, 여러분도 the materials (that) I've finished 정도로 표현하지 않았을까요? 그런데 원어민은 what I have라고 하는군요. 문맥상 자료를 보낸다는 것이 명확하기 때문에 언급을 할 필요가 없게 되고, 따라서 구체적인 명사(the materials) 없이 what 명사절로도 충분히 의미를 전달할 수 있죠. 한국어 역시 마찬가지인데요.

제 컴퓨터에 있는 자료 VS. 제 컴퓨터에 있는 것

냉장고 있는 재료 VS. 냉장고에 있는 것

전자는 구체적이고 명료한 표현 방식이고 후자는 두루뭉술한 표현 방식입니다. 문어체에서는 전자, 구어체에서는 후자가 더 자연스럽게 들리는 표현법입니다.

한국인의 영어 표현법에는 the materials that I have on my computer와 같이 「명사 + 관계사절」의 형태가 지나치게 많은데 적어도 구어체 영어에서는 이와 같은 표현법을 지양해야 합니다. what I have on my computer가 훨

넌 대체 몇 년째 영어 공부를 하고 있는 거니?

씬 더 자연스럽게 들리지요.

'~의 영향, 여파' 등과 같은 높은 수준의 한글 명사 역시 구어체 영어에서는 명사절로 표현됩니다. 다음 문장처럼 말입니다.

- This is what inflation does to your investments.
  인플레이션은 여러분의 투자에 이런 영향을 미칩니다.

원어민과의 대화에서 학습자 한 분이 "The good thing about living in Bundang is its easy accessibility to Gangnam.(강남과의 접근성이 뛰어나다는 점이 분당의 장점입니다.)"이라고 표현하는 것을 들은 적이 있습니다.

easy accessibility, 표현 자체로만 보면 고급지게 느껴지지만, 이러한 표현 방식은 신문 기사의 제목이나 어떤 한 지역의 입지 조건이 좋다는 점을 부각하는 아파트 분양 광고 문구에는 어울릴 지 몰라도 일상적인 대화문에서는 어색하게 들립니다. '강남과의 접근성'이라고 표현할 것인가 '강남 가기 편하다'고 표현할 것인가의 문제이죠. '접근성accessibility'과 같은 명사 하나로의 표현은 주로 공식적인 자리, 아카데믹한 글, 발표문, 기술 문서, 계약서, 제품 설명서 등에서 흔히 사용되는 반면 명사절의 경우 일상 대화문에서 자주 볼 수 있는 표현 방식입니다.

우리말 역시 마찬가지입니다. "강남 가기 편해서 좋아요.", "강남이랑 가까워서 좋아요."라는 표현법이 적어도 일상 대화에서는 훨씬 더 자연스럽고, 널리 사용되지 않겠어요? 영어 역시 일상적인 대화에서는 "Maybe the best

part of living in Bundang is how quick I can make it to Gangnam."과 같이
명사절로 풀어서 표현합니다.

대화의 상대가 누구냐, 어떤 자리인가, 친한 사이인가 처음 보는 사이인
가. 즉, 때와 장소에 맞게 register(상황과 상대에 맞는 어휘의 수준)에 변화를 줄 수
있는 영어 구사력이 바로 제가 그토록 강조하는 '그들의 귀에 자연스럽게 들
리는가'를 결정하게 되는 것이죠. 결국 문어체formal인가 구어체informal인가 하
는 문제입니다. 같은 말을 반복하게 되지만 이 점 역시 어려서 영어를 습득했
는가, 커서 아카데믹한 글을 주로 학습했는가 하는 점이 핵심이지요.

- 업무 강도에 비하면 그렇게 많이 받는 것도 아니에요.
- 이 집 커피는 서울의 여느 다른 집 커피와는 달라요.
- 거실 정말 잘 꾸며 놓았네요.

위의 문장을 영어로 표현할 때 다수의 학습자들은 their workload(업무 강
도), other ordinary coffee(다른 집 커피), the decoration(interior)(장식) 등의 단어
를 떠올리려 할 것입니다. 하지만 다음과 같이 명사절로 풀어 쓰면 훨씬 원어
민다운 자연스러운 문장이 된답니다.

- I don't think they get paid that much for how hard they work.
- This coffee is so different from what you normally find in Seoul.
- I like what you have going on here in the living room.

지금까지의 내용을 간략히 정리하면 다음과 같습니다.

① 명사 하나로 표현하면 사무적이고 기계적으로 들린다.

② 풀어 쓰면 너무 장황하지 않을까? 그럴 수 있다. 하지만 그래야 사람 간의 실제 대화처럼 들린다.

③ 보도문, 기사 제목, 회사 보고서, 장표, 소제목 등에서는 명사 하나로 표현하는 것이 맞다.

6장

이젠 나도 모두가 부러워하는
영어 좀 하는 사람이 돼 볼까

지금부터 영어 공부
이렇게 하면 되는구나!

새도잉shadowing을 하면 좋다, 연음 법칙을 알아야 한다, 덩어리chunk 별로 학습하라, 문장 통암기를 하라, 실수를 두려워하지 마라(어차피 영어는 외국어이니까), 영어는 공부가 아닌 훈련이다, 영어 일기를 써 보자, 책 한 권을 읽어보자……

영어를 잘할 수 있는 방법으로 위와 같은 접근법을 제시하는 유튜버와 영어 학습서는 차고 넘칩니다. 이런 점을 강조하는 선생님도 너무 많습니다. 그런데 이 모든 것은 '방법론'에 관한 이야기이며, '주관적 경험'에만 의존한 '카더라 통신'에 가까운 말들입니다. "나는 이렇게 하니 되더라."식의 학습 방법에 대한 호기심 보다는 "애당초 내가 영어 공부를 시작한 이유는 무엇일까?"라는 질문을 던져본 뒤 "뭐든 한 분야에서 전문가가 되려면 생각보다 많은 시간 투자와 노력이 필요하다."라는 점을 받아들였으면 합니다. 그리고 끈기 있게 학습을 이어갈 수 있는 '나만의 방법'을 찾아서 실천하는 것이 가장 중요하지 않을까요? 그래서 저는 조금은 다른 시각으로 영어를 잘할 수 있는 실천적인 방법에 대한 몇 가지 포인트를 공유해 보겠습니다.

1. 실제 내뱉는 나의 영어와 정면으로 맞닥뜨려 본다

학원 수업, EBS 회화 교재, 미드에서 익힌 그 수많은 표현 그리고 영어 선생님이 그토록 강조했던 수많은 문법 내용과 영자 신문을 읽으며 언젠가는 꼭 써봐야지 했던 그 멋진 표현들……. 이 모든 것은 막상 원어민과의 대화를 해보면 와르르 무너집니다.

실전 상황에서 내 입에서 나오는 나의 영어와 정면으로 맞닥뜨려 보기 전까지는 마치 내일이라도 당장 쓸 수 있을 것만 같습니다. 그리고 어이없는 문법 실수 같은 건 할 일이 없다고 생각합니다. 눈으로 혹은 머리로 아는 영어와 내가 해 낼 수 있는 영어, 이 둘 사이의 간극이 생각보다 크다는 자각은 원어민과의 실전 소통을 할 때만 가능합니다.

이성적인 판단이 아닌, 심리적·정신적 현타를 수차례 겪어 봐야 쉬운데 잘 안되는 표현이 무엇인지를 알게 되고, 왜 어휘 중심 영어 학습이 한계가 있는지를 절실히 깨닫게 되는 법이죠.

인스타그램에서 아무리 좋아 보이는 옷도 막상 숍에 가서 입어봐야 "아, 나한테는 안 어울리네. 사진으로 볼 때와 소재감이 다르네."를 내 눈과 내 촉감으로 느낄 수 있는 것처럼, 영어 역시 실전 상황에 많이 노출될 때만 무엇을 집중적으로 채워야 하는지, 어떻게 공부해야 하는지 현실적인 판단이 서게 됩니다.

"미리 준비되지 않은 날 것 그대로의 영어와 정면으로 부딪혀주세요."

2. 두루두루 쓸 수 있는 범용성 높은 어휘에 집중하자

많은 분이 10년째 쓰는 표현만 쓰게 된다고 합니다. 내가 쓸 수 있는 어휘의 가지 수를 늘리고 싶지만 눈으로 보고 귀로 들을 때 아는 표현과 내 입에서 나오는 표현의 차이가 너무 크다는 하소연을 합니다. impressive 하나면 끝날 상황에서도 수년째 very good, wonderful만 쓰고 있습니다. "그분 영어 상당히 좋더라고요."라고 하면 "His English was impressive."라고 할 수 있으며, 선수 선발을 위한 테스트를 마친 코치가 "그 친구 실력이 상당하던데요."라고 할 경우 역시 "His play was impressive."라고 하면 의도가 잘 전달됩니다.

'괜찮은', '제대로 된'의 뜻으로 외운 decent는 생각보다 많은 경우에 사용됩니다. 어떤 표현을 '꽤 많이, 자주 쓴다'고 할 때에도 decently common이라고 하며, "제 남편이 입을 만한 옷이 하나도 없어요."라고 할 때 역시 "My husband doesn't have any decent clothes."로 표현할 수 있습니다.

'흔하다'라고 하면 common만 떠올리는 것을 보게 되는데요. unusual(흔하지 않은, 특이한, 드문)을 원어민이 어떻게 쓰는지를 평소 세심하게 살펴볼 필요가 있습니다. "제가 하는 업무의 경우 야근이 제법 있습니다."라고 하면 "Working overtime isn't unusual in my job."으로 표현합니다.

한 남성분이 다음과 같이 말합니다. "저는 아내와 장 보러 가는 걸 좋아합니다." 듣고 있던 여성 분이 이렇게 말하는군요. "그래요? 그런 남자 분 많지 않은데……." 이때 상당수의 학습자가 unusual을 떠올리지 못하더군요.

"That's quite unusual for a man."이 원어민이 실제 사용한 문장입니다.

이미 외워서 알고 있다고 생각되는 표현을 좀 더 다양한 상황에서 접해야 할 시점인 것이지, 새로운 표현을 더 익혀야 할 시점이 아니라고 생각됩니다. 언제까지 very, really good, not bad만 쓸 수는 없지 않겠어요?

3. 표현은 이야기 속에서 익혀야 한다

〈패밀리 가이Family Guy〉라는 애니메이션을 보면 다음과 같은 대사가 나옵니다.

"Chris, you're hogging all the fans!"
"크리스, 네가 집에 있는 선풍기를 독차지하고 있구나!"

hog은 '돼지'를 가리키는 단어이기도 하지만 동사로 쓰일 경우 '욕심꾸러기 마냥 무엇을 독차지한다'라는 의미입니다. 만일 위의 문장을 영상을 통한 이야기 속에서 접하지 않고 단어의 뜻만 표기된 표현집을 통해 '독차지하다 = hog'라는 식으로 암기했을 때 과연 hog의 시각적인 이미지화가 가능할까요? 된다 하더라도 어렴풋이 될 겁니다. 해당 표현이 등장하는 장면의 이미지와 잔상이 남을 때 이 표현을 완전히 내 것internalize으로 만들 수 있습니다. 특정 표현에 대해 도화지에 그림을 그릴 수 있을 정도의 이미지화를 할 수 있는 것만이 온전한 내 표현입니다. 그래서 영어는 이야기 속에서 익힐 때 가장 효과적이라고 합니다.

이 점은 특히 구동사 학습에서 그 힘을 발휘하게 되는데요. pull up과 같은 구동사를 공부할 때 '턱걸이를 하는 장면', '아이가 말에 올라타는 모습'을 시각화한 삽화나 영상을 곁들이면 학습 효과가 배가 됩니다. 이것이 바로 어린이들이 영어 표현을 습득하는 방법입니다.

4. 감정을 표출해야 하는 상황에 노출되어야 한다

제 학생분 중에 업무 특성상 미국 본사나 협력사 등과 잦은 언쟁을 할 수밖에 없는 분이 있었습니다. 해당 업무를 1년여 수행한 후 그녀의 영어는 몰라보게 달라져 있었습니다. 언어는 감정을 담고 있습니다. 때로는 싸우기도 하고, 따지기도 하고, 재촉하기도 하며, 섭섭함을 표현할 때도 있는 법인데, 우리는 무미건조한 맥락neutral context으로 이루어진 글을 읽거나 듣고, 원어민과의 대화에서도 갈등, 다툼, 논쟁 등과 같은 상황에 치해본 적이 없거나 언어 장벽으로 인해 이 상황을 회피해왔습니다.

감정이 격해지면 내 머릿속 어딘가에 숨어있던 영어 표현을 끄집어 내게 됩니다. 좀 더 정확하게 말하면 "내 입으로 튀어나옵니다." 이렇게 한 번 발화된 표현은 그 순간을 기점으로 완전한 내 것이 됩니다.

원어민과의 직접 대화가 어렵다면 드라마에 나오는 격한 감정을 쏟아내는 장면에 노출되십시오. 〈에밀리 파리에 가다Emily in Paris〉에는 다음과 같은 장면이 나옵니다.

주인공 에밀리와 남자친구의 대화 내용입니다. 휴가를 맞아 남자친구가 당연히 에밀리가 있는 파리에 올 것이라고 생각했지만 수화기 너머 남자친구의 목소리에서 뭔가 이상한 낌새가 느껴집니다.

에밀리: Wait, is this about the Cubs?

> 잠시만, 시카고 컵스 경기 때문에 그러는 거야?

남자친구: No.

> 아니.

에밀리: Because we can watch the playoffs on a Slingbox.
You won't have to miss a game.

> 야구경기는 여기와서 슬링박스로 보면 되잖아.

남자친구: That's not what this is about.

> 그게 아니라니까.

에밀리: Well, what is this about?

> 그럼 뭔데?

남자친구: I don't know how to do long distance.

> 아무래도 롱디는 자신이 없어서.

'Is this about~?'의 뜻을 '~때문인 거야'라고 아무리 외워도 정작 내 입에서는 because of만 나오던 학생이 이 장면 하나를 계기로 'Is this about~?'을 자신 있게 쓸 수 있게 되었답니다.

격한 감정의 표출과 다툼은 숨어있는 표현을 끄집어 내어 준다는 사실을 기억했으면 합니다.

넌 대체 몇 년째 영어 공부를 하고 있는 거니?

5. 하고 싶은 말을 참지 마세요

원어민과 대화하다 보면 더 하고 싶은 말이 있는데 막힐까 봐 참는 경우가 많습니다. "참으면 병이 된다."라는 말처럼 영어도 참으면 늘지 않습니다. 일단 첫 단어부터 내뱉어 버리세요. 그렇게 하면 그 뒤는 브로큰 잉글리시가 되건, 운 좋게도 원어민식 표현이 생각나건, 어떤 식으로든 그 문장만큼은 끝맺게 되어있습니다. 여러분이 끝맺음을 못하면 원어민이 "이 말씀 이신 거죠?"라며 도와줍니다. 그래야 한 문장이라도 더 건질 수 있지 않겠어요?

"저희가 롱디 커플이었는데 어떻게든 잘 해보려고 노력했습니다. 근데 저도 남자친구도 너무 힘들었어요."

이 말을 하고 싶었던 한 학습자는 영어 문장을 시작하기도 전에 포기해버렸습니다. '롱디 커플'을 영어로 어떻게 표현할지 모르겠고, '잘 해보다'는 더욱 모르겠고, '잘 안됐다' 역시 브로큰 잉글리시에 대한 두려움으로 입맛만 다시다 포기하고 맙니다.

위 내용에 대한 올바른 영어 표현은 "We tried to make it work long distance, but it was too hard on both of us."입니다.

그런데 이런 식으로 참게 되면 더 이상 내 영어 스피킹은 늘지 않습니다. 할 수 있는 말만 하게 되고 조금이라도 부담스럽고 어려운 표현은 죄다 그냥 넘어가 버리며 "그래. 지금은 좀 참고. 영어 공부를 더 해서 좋은 표현을 외운 후에 제대로 써 보자."라며 미래를 기약합니다. 모르긴 몰라도 저나 여러분이나 평생 영어를 공부해도 그 많디 많은 영어 표현을 다 외울 수가 없습니다.

일단 내가 알고 있는 것으로 브로큰이 되건 제대로 된 영어가 되건 내뱉고, 문장을 구성해서 온전한 한 문장을 질러버려야 합니다. 그러는 사이 나도 모르게 '문장'을 만드는 능력이 배양되고, 또 그 와중에 영어 공부도 하고 있을 거 아니겠어요? 그러면 '인풋'이라는 것이 쌓입니다. 그렇게 시간이 흐르다 보면 어느새 '꽤 괜찮은' 문장으로 말을 이어가는 자신을 보게 될 겁니다. 그렇지 않고 '나중에 더 근사한 문장으로 말해야지……' 하다가는 세월만 가게 됩니다. 그런 접근과 태도로는 적어도 '영어 말하기'를 잘하는 사람이 될 수가 없습니다.

6. 표현의 구성과 온전한 문장의 완성에 집중하라

단편적 표현의 조각이 아닌 온전한 하나의 문장을 만들 수 있어야 자유로운 영어 말하기를 할 수 있다는 점을 꼭 기억했으면 합니다. when이라고 하면 시간을 나타내는 의문 부사라고만 생각하는 분이 많습니다. 하지만 '상황'을 뜻하는 접속사로 쓰일 때 그 진가를 발휘하며, 이때는 문두에 위치하지 않고 문장의 뒤에 위치합니다. 다음 예시를 한번 보시죠.

- 최근 출시된 Y 차량이 불티나게 팔리고 있다. 자동차 회사들이 반도체 및 부품 부족으로 어려움을 겪고 있는 상황에서 정말 인상적인 부분이다.

위 문장을 원어민처럼 말하기 위해서는 단순한 표현 몇 개를 안다고 되는 것이 아닙니다.

- 최신 모델 = the latest model
- 불티나게 팔리다 = sell like hot cakes
- 인상적인 = impressive
- 어려움을 겪다 = struggle
- 부족 = shortage

위와 같이 한국어 개별 표현에 대응되는 영어 표현을 암기한다 해도 이를 보기 좋게 조합하지 못하면 단어로 소통해야 하는 일이 생기겠죠. 위에서 제시한 한글에 대한 영어식 문장은 다음과 같습니다.

- The latest model, the Model Y, is selling like hotcakes. And this is impressive when carmakers are struggling with a shortage of chips and other parts.

어휘의 정확한 학습만큼이나 문형에 대한 숙지 및 반복 연습도 정체된 내 영어에서 벗어날 수 있는 해법이 될 것입니다.

7. 눈으로 볼 때 쉬운 것에 집중하자

다음 우리말을 원어민은 영어로 어떻게 표현하는지 보겠습니다.

- 그 분 제 번호 알아요.

  ⇒ She has my number.

- 그 버스는 잘 안 와요.

  ⇒ The bus doesn't run all that often.

- 그 사람이 저에게 마음이 있는 줄은 몰랐어요.

  ⇒ I didn't notice he had feelings for me.

- (제 생일이라고 해서) 저에게 뭐 해줘야 한다는 부담 가지시면 안 돼요.

  ⇒ Please don't feel like you have to get me anything for

    my birthday.

- 나 밤낮이 바뀌었어.

  ⇒ My sleep schedule got messed up.

- 두 곳 중 어디서 봐도 상관없어요.

  ⇒ I am okay meeting at either place.

위의 문장들을 보면 어려운 단어도 없고, 딱히 해석이 안 되는 것도 없습니다. 관용적 표현이라고 할 것도 없습니다. 그동안 많은 분과 영어 공부를 하면서 느낀 점 중에 하나가 '해석이 되면 그냥 넘어가더라.' 하는 점입니다. 그런데 이런 표현의 공통점은 '막상 내가 하려면 잘 안 된다.'이지요. 이제는 원어민이 쓰는 표현과 원어민이 내뱉는 문장들을 보고 들으면서 "나는 저렇

넌 대체 몇 년째 영어 공부를 하고 있는 거니?

게 표현하고 있는가? 저렇게 표현할 수 있을까?"라는 질문을 던지면서 영어를 대해야겠습니다. 그동안 오랜 시간 쉽다고 생각하는 것을 그냥 넘겼기 때문에 이것이 쌓이고 쌓인 결과 영어 스피킹이 수시로 막히는 증상이 나타나고 있는 것이니까요.

8. 단어 하나하나는 쉬운데 문장으로 보면 어려운 것에 집중하자

"쌤, 참 이게요…… 막상 원어민과 대화하다 보면 특별히 어려운 단어는 안 쓰는데, 이걸 저렇게 표현하다니…… 아차 싶을 때가 많더라고요."

학생분들이 종종 하는 말입니다. 다음 우리말을 원어민들이 영어로 어떻게 표현하는지 한번 보겠습니다.

- 이 친구 스펙은 좋네.

  ⇒ He looks good on paper.

- 오늘 저녁에 만나는 거 맞지?

  ⇒ Are we still on for tonight?

- 이 휴대폰을 3년째 쓰고 있는데, 아직 쓸 만해요.

  ⇒ I've been using this phone for 3 years, but it still works just fine.

- (택시 잡기 어려운 것) 언제부터 이랬나요?

  ⇒ How long has it been like this?

- 싼 건 오래 못써.

  ⇒ You get what you pay for.

- 늘 네 뜻대로 되는 줄 아니!

  ⇒ You can't have it your way all the time.

'스펙이 좋다'를 looks good on paper라고 하다니요. 이러니 제가 단어만 주야장천 외워서 될 일이 아니라고 하는 겁니다. 약속이 유효한지를 묻는데도 valid와 같은 단어는 눈에 보이지 않습니다. on, 즉 '켜져 있다'가 '유효하다'를 대신하고 있네요. 한영사전에서 '쓸 만한'을 검색하면 serviceable이라고 나오는군요. 하지만 원어민들은 works just fine이라고 합니다.

몇 가지 예만 봐도 어려운 표현은 없지만 우리에겐 몹시 어려운 문장들이 정말 많습니다. 미드를 보건, 동화를 읽건, 영자 신문을 읽건 간에 '쉬워 보이지만 내 입에서는 안 나오는 영어 표현'에 선택과 집중을 할 필요가 있겠습니다. 좀 더 원어민스러운 영어를 구사하고 싶다면 말이죠.

9. 같은 표현 및 문형을 다른 상황에서 여러 번 마주쳐야 한다

'have something p.p.' 용법을 학습한다고 해서 바로 내 것이 되는 것은 아닙니다. 내일 당장, 다음 달에 당장 내 입에서 나오지 않지요.

논리적 이해 → 이야기 속에서의 반복 노출 및 충분한 인풋 → 자연스러운 발화

이 세 가지 프로세스 각각에 대한 충분한 학습과 노출이 될 때 비로소 내 것이 됩니다.

넌 대체 몇 년째 영어 공부를 하고 있는 거니?

• Can I have it shipped?

배송 가능하죠?

• I'd like to have my account deleted.

제 계정을 삭제해 주십시오.

• I have my password saved only on my phone.

비밀번호가 휴대폰에만 저장이 되어 있습니다.

이와 같은 단문을 통한 학습 후에는 'have something p.p.'가 쓰인 문장들을 이야기 속에서 자주, 충분히 마주쳐야 합니다.

다음은 tripadvisor.com에 게재된 내용의 일부이며, 누군가 'Temple Mount(성전산)'에 방문하기 전에 남긴 질문에 대해 한 미국 여성이 답을 한 것입니다.

"You don't need to have your head covered. I took a scarf with me just to be on the safe side."

"머리를 가리지 않아도 됩니다. 저의 경우 혹시 몰라서 스카프를 가져갔습니다."

영어 공부를 떠나 자주 찾는 사이트인 tripadvisor.com 에 게재된 글을 읽으면서 'have something p.p.'를 마주할 때면 이 구문이 좀 더 선명하게 다가오며 "아, 이제 진짜 내 것이 되고 있구나."를 느낍니다.

지난 달 〈패밀리 가이Family Guy〉를 보다가 마주친 hog를 오늘은 《윔피 키드Diary of a Wimpy Kid》에서도 보게 됩니다. 이 무슨 우연인가요? 주인공 Greg는 아빠를 따라 헬스장에 가게 되고, 헬스장에서 러닝머신과 자전거 등을 타보고 싶어 합니다. 그런데 사람들이 정해진 시간보다 너무 오래 타고 있는 겁니다. 주인공 Greg는 다음과 같이 말합니다.

"People were hogging that equipment and staying longer than they were supposed to.(욕심꾸러기 같이 계속 자기들만 타고 있었어.)"

많은 학습자가 "저는 쓰는 영어 단어만 계속 써요. 표현력이 너무 약해요."라고 합니다. 어떤 단어나 표현이 완전한 내 것이 되어 내 입에서 나오려면 동일한 표현을 적어도 네 다섯 개의 다른 이야기나 상황 속에서 우연히 듣거나 마주쳐야 합니다. 단어장에 나온 줄줄이 예문 속에서는 아무리 외워도 나중에 생각이 나지 않습니다. '교재'를 통한 학습은 '이야기 속에서의 우연한 마주침'이라는 두 번째 프로세스의 도움을 받을 때 만이 세 번째 단계인 '자연스러운 발화'로 이어질 수 있음을 유념해야겠습니다.

지금까지 소개해 드린 아홉 개 항목을 다시 한 번 찬찬히 읽어 보고 정리한 후, 향후 영어 학습의 계획을 잡아보되, '단편적 표현의 조각'이 아닌 '온전한 하나의 문장'을 만들 수 있어야 자유로운 영어 말하기를 할 수 있다는 점을 꼭 기억했으면 합니다. ✳

넌 대체 몇 년째 영어 공부를 하고 있는 거니?

Nick 선생님에게 내 영어를 인정받다

영어 공부를 하면서 목표로 잡은 것 중 하나가 '밑줄을 긋고 형광펜으로 표시하지 않으면서 영어로 된 글을 즐기는 것'이었습니다. 쉽게 말해, 영어 공부를 한다기 보다 글의 내용을 이해하는 것이 궁극적인 목표였지요. 밑줄을 긋거나 표시를 하는 이유는 모르는 표현과 문형이 많거나, 알긴 하지만 한 번 더 리마인드하고 싶어서겠죠. 이런 행위를 하지 않는다는 것은 글이 '술술 읽힌다'라는 말일 것입니다.

예전에는 영어로 된 소설을 읽거나 미드의 대본을 볼 때 밑줄을 긋는 횟수가 많았습니다. 소설의 경우 시각적인 묘사가 많아서인지 신문 기사나 아카데믹한 설명문에 비해 전치사 사용 빈도가 높았고, 처음 접하는 형용사와 부사가 많았습니다. 기본 동사의 다양한 활용은 말할 필요도 없습니다. 솔직히 말해 문학 작품을 소화하기에는 저의 영어 실력이 모자랐던 것이죠. 이런 증상이 너무 심한 소설의 경우 한글 번역본을 먼저 읽고 난 다음, 다시 원서를 보곤 했답니다. 그래야 상대적으로 원서가 수월하게 읽혔으니까요.

미드 대본을 볼 때는 문법을 지키는 않는 문장, 일상 대화체colloquial 표현, 비속어slang 등으로 인해 끊임없이 박스를 하고 밑줄을 치곤했습니다.

저는 이 책을 집필하면서 *The Last Thing He Told Me*라는 영어 소설을 읽었는데요. 이 중 일부 내용을 잠깐 살펴보겠습니다.

After I pulled back, he smiled at me, touched my cheek.

"What do you think? Can I get under that blanket with you?" he asked.

"Always."

I moved over, wrapping the blanket over his shoulders, feeling the heat of his body. His barefooted body, a good ten degrees warmer than mine.

"So tell me," he said. "What was your favorite thing today?"

This was something we sometimes did on days we got home late — on days we were too tired to get into the big stuff.

내가 몸을 뒤로 뺀 후 남편은 나를 보고 웃었고, 내 뺨을 만졌다. "당신 생각은 어때? 이불 속으로 좀 들어가도 될까?"라고 물었다. "그럼, 언제든지." 남편 쪽으로 가까이 가서는 그의 어깨에 이불을 덮어주었다. 그의 체온이 느껴졌다. 아무것도 걸치지 않은 그의 몸은 내 체온보다 족히 10도는 더 따뜻했다. "말해 줘. 오늘 제일 재미있었던 일이 뭐야?" 남편이 물었다. 늦게 퇴근하는 날이면 우리가 나누는 대화였다. 너무 피곤해서 심각한 이야기를 하기 싫을 때…….

넌 대체 몇 년째 영어 공부를 하고 있는 거니?

예전에는 pull back, move over 등과 같은 시각적 이미지를 묘사하는 표현들을 마주치면 마음이 불편해졌습니다. 무슨 말인지는 대충 알겠는데 시각적 이미지가 정확히 그려지지 않는 느낌으로 읽었던 것이죠. 그런데 지금은 위의 내용을 "그림으로 그려보라."라고 하면 그릴 수 있습니다.

위의 내용은 부부가 침대에 누워있는 장면이며 I는 화자(주인공 여성)를 가리킵니다. "I pulled back."이라는 표현은 두 사람이 신체적으로 밀착되어 있다가 주인공이 남편으로부터 몸을 '뒤로 빼다', '뒤로 물러나다'라는 말이며, 사실상 pulled myself back이라고 해서 myself를 넣어보면 시각적인 이미지가 그려질 것입니다. I moved over는 누운 상태에서 '남편 쪽으로 다가간다'라는 말입니다. over는 공간적으로 조금 떨어져 있는 저편으로 라는 의미의 부사이죠.

겨우 한 단락을 봤을 뿐인데도 시각적 묘사를 나타내는 구동사가 2개(pull back, move over), 비유적 의미를 지닌 구동사가 1개(get into) 등장합니다.

저의 파트너이자 저의 영어 선생님 역할까지 톡톡히 해주고 있는 Nick 선생님과 가끔 게임 아닌 게임을 합니다. 《뉴욕 타임스The New York Times》 기사나 사설을 앞에 두고 시간을 재서 읽는 게임을 하는 것이죠. 언제부턴가 Nick 선생님과 제가 글을 읽어 내려가는 속도가 거의 비슷해졌습니다. 이 점은 대단히 중요한 부분이라고 생각합니다.

"저는 독해는 좀 되는데, 스피킹이 안 돼요."라고 하는 분을 볼 수 있습니다. 그런데 "독해는 좀 되는데"라는 말을 잘 곱씹어 볼 필요가 있습니다. 원어민과 비슷한 속도로 읽으면서도 내용 파악을 했는가? 아니면 원어민의 두 세

배의 시간이 걸려서 읽었는가? 하는 점이 가장 핵심적인 부분이지요. 시간이 많이 걸렸다는 것은 어떤 특정 문장에서 막혔다는 이야기이니까요.

하나 흥미로운 것은, '기본(기본 동사, 구동사, 형용사의 느낌 등)에 충실했더니 어려운 글(신문 사설과 같은 아카데믹한 글)도 덩달아 잘 읽히더라.' 하는 점입니다.

원어민이 가장 많이 쓰는 기본 동사 get에 대해 정확하게 그 쓰임새를 깨달은 순간이 있었고, 그들은 웬만하면 구동사로 소통한다는 사실을 인지한 다음부터는 구동사를 마스터하기 위해 전력을 다했습니다. 우리가 암기한 수많은 영어 단어와 표현은 비유적인 의미였으며 글자 그대로의 의미를 알지 못하면 해당 표현에 대한 느낌과 감을 잡을 수 없다는 깨달음이 있었습니다.

묘사적인 문장이 주를 이루는 소설과 같은 글을 읽으면 그 가치를 느낄 수 있습니다. 경제 기사를 보면 sluggish growth라고 해서 '성장 부진'이라는 표현이 자주 등장하는데 sluggish라는 말은 원래 '몸이 축 처진', '달팽이와 같이 느릿느릿 움직이는'이라는 말이지요. 이러한 시각적인 의미(원어민 어린이들이 처음 접하게 되는 의미)를 알고 났더니, 경제 기사에 등장하는 "Sales remain sluggish.(판매 부진이 계속되고 있다.)"가 더 선명하게 다가왔습니다.

"내가 하는 영어가 뭔가 원어민이 쓰는 영어와 다르구나. 역시 한계는 있구나." 하고 타협할 뻔했던 제가, 이제는 "원어민과 한번 겨루어 보자."라고 할 만큼 영어로의 소통이 한결 편해졌습니다. 독해를 더 잘하려고 많이 읽을 때는 늘지 않던 독해 실력이 앞서 말씀드린 부분들을 채웠더니 글이 술술 더 잘 읽히기 시작했습니다.

3~4년 전쯤이었습니다. Nick 선생님과 삼겹살집에서 소주잔을 기울이고

넌 대체 몇 년째 영어 공부를 하고 있는 거니?

있던 저는 약간의 취기를 빌려 Nick 선생님에게 물었습니다.

"제 영어에 대해 어떻게 생각해요? 느낀 그대로 솔직히 이야기해 주세요."

그러자 Nick 선생님은 저에게 이렇게 말하더군요.

"You know, I never even think about your English when you're speaking. I would never comment on it, but since you brought it up, I would say.... Your grammar, the words you pick, your pronunciation - they're all more than good enough to get your message across. You're already more accurate than a lot of native speakers out there, yet you've never lived abroad. You fit in while hanging out and drinking soju, or making a business presentation, or anything in-between."

"다니엘이 말할 때는 영어 자체에 대한 생각이 안 듭니다. 영어가 이렇다 저렇다고 말할 생각 자체가 안 나는데, 먼저 그 말을 꺼냈으니 하는 말인데…… 문법, 어휘 선택, 발음 등이 메시지를 전달하기에 차고 넘쳐요. 대부분 원어민보다 더 정확하게 표현합니다. 해외에서 체류한 적도 없는데 말이죠. 원어민과 어울리고 소주 마시는 자리에서부터 비즈니스 프레젠테이션까지 두루두루 잘하세요."

제가 여러분께 드리고 싶은 말씀은 어릴 때부터 생활 속에서 영어를 접하면서 습득의 과정을 거치는 것이 최선이겠지만 저처럼 오직 국내에서, 그것도 스피킹을 잘하기 힘든 환경 속에서 언어 발달의 결정적 시기를 놓친다 하더라도 "무엇을 공부해야 할 것인가?", "무엇을 채워야 영어가 좀 더 편해질 수 있는가?"를 정확히 파악하고 실천하면 원어민에게 인정받는, 때로는 그들보다 더 정갈한 영어를 구사할 수 있다는 점입니다.

이 책에서 제가 공유한 여러 가지 부분을 하나하나 체크하면서 그동안 착각하고 있었고, 또 그로 인해 소홀했던 학습 영역을 채워 나가기만 한다면 "Your English is impressive!"라는 말을 들을 날이 머지않으리라 확신합니다. ❋

Melinda 선생님,
너무 자연스러운 내 영어에 놀라다

저는 영어 교육 분야에 몸담기 시작하면서 나름의 다짐을 했습니다.

첫 번째, 우선 내가 영어를 잘 해야 된다.
두 번째, 이론적 설명에만 능한 강사가 되면 안 된다.
세 번째, 대다수의 원어민에게 "영어 정말 자연스럽네요."라는
이야기를 들을 수 있어야 한다.

이 세 가지를 이루기 위해서 여기까지 달려왔고 어쩌다 보니 '영어 덕후'
가 되었습니다. 이렇게 오랜 세월 영어와 함께 했지만 아직도 미드를 보다가
좋은 표현을 마주치고, 좀 더 원어민스러운 문장을 만날 때마다 날아갈 듯 기
분이 좋아집니다.

원어민 선생님과 콘텐츠 작업이 잘 되어서 학생들과 공유할 거리가 많아

지면 "그래, 어서 알려줘야지."라는 마음으로 바로 네이버 카페에 글을 남깁니다. 결국 제가 어려운 부분이 학생들이 어려워하는 부분일 테고, 제가 좋다고 생각하는 문장이 학생들이 찾는 문장일 테니까요. 우리는 같은 언어 논리 구조를 가지고 있고 비슷한 어학 교육을 받았으니 말입니다.

교포 출신 선생님이나 해외 체류 경험이 있는 영어 선생님도 많지만 '학습자와의 공감대 형성'이라는 측면에서는 제가 조금 더 비교 우위에 있지 않나 싶기도 합니다. 무엇이 잘 안돼서 영어가 어렵게 느껴지는지를 100% 공감하니 말입니다. 사실 그동안 생계를 위한 직업으로서의 영어 강사보다는 영어 자체를 많이 좋아하는 사람, 이왕이면 좀 더 원어민스럽게 이야기하고 싶은 사람으로 살아왔던 것 같네요.

저도 처음 영어 강사 생활을 시작할 때는 열심히 하고 잘만 하면 직장인보다는 좀 더 빨리 돈을 벌 수 있지 않나 하는 생각을 했던 것이 사실입니다. 하지만 어찌어찌하다 보니 여기까지 오게 되었고, 이제는 욕심이 납니다. 영어를 가르치는 사람으로서 이 땅에서 영어를 잘 하는 방법, 특히 아무리 노력하고 어떤 시도를 해도 잘 늘지 않는 우리의 스피킹을 늘게 해줄 수 있는 콘텐츠와 학습법, 커리큘럼을 공유해야겠다 싶습니다. 그래서 그 첫 단추로 이 책도 쓰고 있는 것이고요. 하지만 저도 내적 갈등이 많았고, 이런 생각을 하기도 했습니다.

"독해나 청취는 몰라도 스피킹은 한다고 진짜 늘까? 늘긴 늘겠지. 근데 원어민과 비슷한 영어를 할 수 있을까? 밑 빠진 독에 물 붓기 일 것 같은데……"

넌 대체 몇 년째 영어 공부를 하고 있는 거니?

그러다가 정신을 차리고 "내가 이런 생각을 하면 학생들이 뭐가 되나? 이건 하면 되는 거다. 한번 해 보자!" 하면서 끈을 놓지 않고 조금씩 꾸준히 매일 운동하듯 영어 공부를 했습니다.

제 영어 스피킹에 결정적인 변화를 준 것들이 몇 있습니다. 더 고급스럽게 말하려고 고급 영어를 추구했을 때는 원어민이 저에게 "다니엘, 군데군데 영어가 좀 어색하고 우리랑 표현법이 달라요."라는 말을 듣기 일쑤였습니다. 그런데 제가 본 책에서 일관되게 강조해왔던 구어체 영어에 노출을 늘리고, 여기에 시간을 많이 투자했더니 소위 말하는 '고급 영어(공식적인 자리에서 사용하는 영어)'까지 동시에 잘하게 되는 경험을 했습니다.

제가 한창 강남역 부근 어학원에서 강의를 하고 있을 때 저의 통번역대학원 동기들이 학생들 스터디를 도와준 적이 있습니다. 스터디 준비 과정에서 저희 멘토들도 매주 미리 모여서 자료를 한 번 더 살펴보는 시간을 가졌습니다. 그런데 어느 순간 저희 동기가 "오빠, 영어 스타일이 진짜 많이 바뀌었어. 그리고 영어가 너무 자연스럽게 들려. 오빠도 영어 공부 정말 많이 했구나!"라고 하는 것입니다. 이런 소리를 들으면 기분 좋죠. 물론 통번역대학원까지 졸업하고 전문 통역사까지 한 사람인데, 그건 너무 당연한 거 아닌가 하는 독자분도 있을 겁니다. 하지만 아무리 통번역대학원을 나와도 국내파로서의 태생적 한계라는 것이 존재하거든요. 영어는 우리의 모국어가 아니니까요.

제가 동기들에게 이런 소리를 듣기 전과 후는 무엇이 달랐던가? 바로 '학습한 콘텐츠의 종류'였습니다. 전에는 맨날 CNN, CBS, NPR 뉴스 이런 것만 듣고, 어려운 《이코노미스트*The Economist*》, 《뉴욕 타임스*The New York*

Times》 기사를 읽으면서 "그래, 비유적인 표현과 문장이 즐비한 이런 영문 기사를 술술 해석하다니……."라며 일종의 자아도취에 빠져 있었습니다. 그런데 어느 순간부터 미국 초등학생이나 중학교 저학년 수준이 현지에서 즐겨 읽는 동화와 좀 쉬운 미드 이런 걸 영어 공부의 중심에 두었답니다.

제가 미국 아이들이 읽는 동화를 읽으면서 강하게 느낀 건 "언어가 살아 있다, 감정과 묘사적인 느낌이 내게로 전달된다, 하나의 줄거리를 가진 이야기이구나."였습니다. 따라서 문맥 없이 어떤 표현을 학습하거나 '암기'하는 느낌보다는 스토리 속에서 표현과 문장을 '체화'하는 느낌으로 다가왔습니다. 그랬더니 어휘는 어휘대로 문장은 문장대로 선명하게 인지되는 걸 경험하게 되었습니다. 뉴스나 기사문을 학습할 때와는 단어, 표현, 문형의 체화 강도가 완전히 다르다는 느낌을 받았던 것이죠.

언어란 본래 삶 속에서 웃고 울고 떠들고 싸우고 화해하고 그러면서 체득하는 대상이 아니겠어요. 그래서 우리가 현지에서 5년 이상 생활할 수 있다면 그것이 가장 이상적이겠죠. 하지만 여기, 한국이라는 땅에서 그들의 언어를 가장 잘 흡수할 수 있는 방법은 간적접이나마 그들의 일상 속으로 들어가고, 그들의 삶을 간접으로나마 경험하는 것입니다. 그런 의미에서 바라보시면 좋겠습니다.

결국 무미건조한 말의 열거인 설명문은 문자 그대로 논리적인 해석을 하는 것이지 말의 뉘앙스나 단어가 풍기는 느낌 등이 잘 다가오지 않으며, 바로 여기에서 저는 답을 찾을 수 있었답니다.

미드를 보면서(안 들리면 영어 자막을 보고 해석이 막히면 한글 자막을 좀 보서도 됩니다.

넌 대체 몇 년째 영어 공부를 하고 있는 거니?

요즘 넷플릭스 한글 번역 정말 훌륭하거든요.) 스토리에 빠져서 영어 표현을 익히니 "오래가더라, 진하게 남더라, 그래서인지 필요할 때 떠오르더라……." 이것이 제가 강하게 느낀 점입니다. 그리고 다시 한번 힘주어 말씀드리고 싶은 것은 구어체 영어의 밸런스를 맞추어 놓으니 문어체 영어까지 잘 되더라 하는 점입니다.

결국 이 책을 집필하기로 마음을 먹을 수 있었던 것은 원어민들의 제 영어에 대한 평가였습니다. 어느 순간부터(대충 기억을 더듬어보면 한 5-6년 된 것 같습니다) 만나는 원어민 마다 "정말 영어가 깨끗하고, 간결하고, 정확하고……. 어떤 면에서 제가 하는 영어보다 나은 것 같습니다."라고 공통적으로 말하는 것을 들을 수 있었습니다. 물론 생활 속에서 이루어지는 일상적인 영어 표현들이야 어찌 제가 교포들이나 원어민보다 나을 수가 있겠습니까? 하지만 저의 생각을 영어로 전달하는 것이 이제는 편해진 것 같습니다. 억지로 문장을 만들거나 한국어에 해당하는 영어 표현을 떠올리기 위해 억지스러운 표현을 쓰는 일도 줄었고요. 한 마디로 자신감이 많이 붙었죠.

5년 전이었을 겁니다. 원래는 콘텐츠 작업을 하려고 만난 외국인이 아니었고, 제가 아는 원어민의 친구였던 Melinda 선생님이 저에게 이런 말을 하더군요.

"아니 진짜 영미권에 안 살았다고요? 그냥 하는 말 아닌가요? 사실 제 한국인 남자친구가 캐나다에서 중학교와 고등학교를 나왔거든요. 그런데 다니엘이 훨씬 표현력이 풍부하고, 전달력이 있고, 정확한 어휘를 구사하는 것 같아요. 거짓말 안 보태고 영어가 훨씬 더 자연스러워요!"

와……. 정말 짜릿했습니다. 기분 끝내줬습니다. 저의 학생들에게도 더 자신감 있게 "이렇게 공부하라, 이렇게 연습하라……."라고 말할 수 있는 결정적인 계기가 되었던 순간이었죠.

그동안 한국 영어 사교육 시장에서 무수히 많은 경험을 했고 수많은 영어 선생님을 보았습니다. 토종 한국인 선생님은 아무래도 영어 구사력 측면에서 아쉬운 점이 있었고, "이 분 영어 좀 잘 한다." 싶은 선생님들은 나중에 알고 보면 거의 예외 없이 어릴 때 또는 중학교 때 영미권 국가에서 생활을 했더군요. 바로 이 점이 "영어, 한다고 늘긴 하는 걸까?"라는 회의감을 들게 하는 요소이죠. 저도 이해합니다. 너무나 잘 이해가 가고 공감이 됩니다. 그럼에도 불구하고 저라는 사람도, 물론 제가 모두의 대표성을 띠는 인물이 될 수는 없겠지만, 철저하게 한국 영어 교육 환경에서 학습했고 성인이 된 이후 한참 지나서야 본격적인 영어 공부를 시작했음에도 Melinda에게 일종의 극찬을 받을 수 있었다는 점이 여러분에게 동기 부여가 되기를 바랍니다. ✳

넌 대체 몇 년째 영어 공부를 하고 있는 거니?

외국계 기업에서마저
최고 영어 실력자로 등극하다

저의 학생인 그와의 첫 통화, 첫 영어 인터뷰가 아직도 기억납니다. 간간히 좋은 영어 표현도 쓰고, 브로큰 잉글리시일지라도 자신의 생각을 영어로 전달할 수 있는 단계였습니다. 하지만 표현이 생각나지 않아서 하고 싶은 말을 참아야 했고, 원어민이 내뱉는 영어 문장과는 상당한 괴리가 느껴졌던 자신의 영어 실력 때문에 답답해 하고 있었습니다. 그럼에도 영어에 진심이었습니다. 내가 말하는 영어 문장이 자연스럽지 않고 어색하게 들리는지에 대한 이유를 누구보다 잘 받아들였고, 구어체 영어에 노출되어야 한다는 점을 누구보다 절실하게 공감했습니다.

매일 다섯 개의 한글을 영어로 영작해서 원어민의 문장과 비교해 보고, 내 수준에 맞는 미드를 골라 정성껏 보았으며, 자칫 유치하다고 치부해 버릴 수 있는 영어 동화에 재미를 붙였던 그입니다.

영어에 대한 이론적 지식과 실제 사용되는 수많은 사례를 충분히 흡수하는 과정을 성실하게 실천했던 덕분일까요? 지난 1년 동안 사내에서 '날 것 그대로의 영어', '실전 영어'에 노출된 시간은 그의 영어에 날개를 달아준 것 같습니다. 정확하고 섬세한 인풋이 바탕이 되었기에 실전 영어에서 건진 원어민식 표현, 기본 동사와 구동사가 온전히 그의 몸속으로 들어갔을 것입니다. 장담하건대 그의 영어는 대한민국 어느 누구와 비교해도 손색이 없을 정도입니다. 최대한 그들의 표현 방식으로 내가 하고자 하는 말을 전달하는 그를 보면서 외국 물을 많이 먹지 않아도, 좋은 자료와 제대로 된 학습법 그리고 실천적 의지가 있으면 '영어 잘 하는 사람이 될 수 있구나.'라는 점을 느끼게 됩니다. 여러분과 그의 '영어 공부 스토리' 그리고 성공담을 꼭 공유하고 싶습니다.

나는 10년 넘게 외국계 회사에서 근무해오고 있지만 부서 업무 및 포지션 특성상 거의 모든 업무를 이메일 위주로 처리해오다 보니, 몇 년 전까지도 영어 스피킹에 대한 별다른 스트레스와 자극 없이 회사 생활을 해왔다. 그러던 중 회사 내 조직 변화로 새로운 직책을 맡게 되면서, 소속된 한국 지사 이외에 Asia Pac 지역 각 지사에 있는 같은 부서 담당자들을 관리하고, 외국 본사에 있는 직속 매니저에게 리포팅reporting하며, 지역region 담당자로서 각종 콜call을 진행하게 되어, 이전과는 비교할 수 없이 영어 스피킹의 빈도가 증가한 상황이다.

직장에서 영어를 공식 비즈니스 언어로 매일같이 업무에 사용하고 있다는 점에는 변함이 없었지만, 2년 전 큰 변화를 가져온 회사의 대내외적 조직 변화는 뒤늦게나마 내 영어 구사력의 현주소를 파악하고 일정 수준 이상 끌어올려야 하는 새로운 숙제를 안겨주었다. 영어다운 영어의 필요성을 절감하고서 한동안 손 놓았던 공부를 시작하였고, 회사에서 매일같이 이어지는 실전 상황에서 다양한 국적의 동료들이나 원어민 상사들과 소통하며 몸소 느꼈던 점들을 다음과 같이 정리해 본다.

막상 공부를 병행하면서 새롭게 찾아온 괴리감은 내가 안다고 생각했던 영어가 사실 내 영어가 아니었다는 점이었다. 남들이 말할 때는 쉽고 눈으로 술술 읽히는 문장들이 막상 내 스피킹 영역으로 들어오는 순간 어김없이 삐걱대고 무너졌다.

매번 원어민 팀원, 상사와의 일대일 혹은 팀 회의와 발표를 마치고 돌아서면 '왜 이렇게밖에 안 되는지……' 급한 마음에 몸에 익은 편한 말들을 그냥 쏟아낼 수밖에 없는 상황이 참 부끄럽고 한심스러웠다. 문제는 정작 적재적소에 속도감 있게 정확하게 구사하지 못하면 듣거나 읽어서 아는 것은 결코 내 것이 아니라는 사실을 인정하는 게 생각보다 쉽지 않았다는 점이다. 이 깨달음이 있고 나서야 비로소 그동안 항상 미련처럼 맴돌던 영어 공부에 대한 갑갑증 해결의 실마리를 찾을 수 있었다.

대한민국에서 태어나 자란 대부분의 순수 국내파들과 같이 나 역시도 문법과 독해 위주의 주입식 영어 수업으로 중고등학교 시절을 보내고, 졸업 전 4개월 동안 캐나다 어학연수 겸 첫 해외여행을 경험한 것 이외에는 딱히 영어에 관련된 노출이 없었다. 그 후 대학 졸업반 때 토익 시험 준비 겸 친구 따라 우연히 청강한 'CNN 리스닝'과 '타임지 독해반'을 통해, 수능 시험 이후 오랜만에 사비를 들어 나름 꾸준한 기간 동안 영어 공부에 재시동을 걸었다. 고급 영어를 공부한다는 만족도가 있었고, 좋은 강사분을 만나 나름대로 즐겁게 공부할 수 있었다. 그런데 역설적이게도 고급 영어 학습으로 인한 영향 때문인지 원어민으로부터 "말하는 것 같지 않다.", "신문 기사나 뉴스 같고 딱딱하다."라는 지적을 자주 받았다. 결국 리스닝과 독해 실력에는 적잖은 도움이 되었지만, 정작 별도의 훈련이 필요했던 스피킹에는 그렇게 효과적이지 못했던 것 같다.

지지부진했던 영어 공부에 터닝 포인트가 되었던 그때의 큰 깨우침 이후, 가장 필요했던 건 양질의 인풋과 이를 내 것으로 만들기 위한 절대적인 시간 투자였는데, 무엇을 가지고 어떻게 공부할 것인가는 정말 중요한 선택이었다. 절실한 마음으로 '특훈반 코스'를 시작했는데, 충격적으로 다가온 것은 이제껏 내가 구사해왔던 영어가 원어민이 듣기에 불편하고 어색하며 가끔은 참 이상한 영어였다는 것이다. 이 부분에 대해 누가 인지를 시켜주지 않았다면 아마 평생 모르고 지냈을 것 같아 여전히 뒤통수를 한 대 세게 맞은 것 같은 얼얼함으로 남아있다.

회사의 원어민 보스와 동료들은 절대 우리 영어를 지적하지 않는다. 그저 눈치껏 알아듣고 넘어갈 뿐, 그들은 내 영어 선생님이 아니니 당연하지만 뒤돌아보면 참 아찔하고 민망한 순간들이 허다하다.

영어 공부를 하는데 우리를 가로막는 큰 산과 같은 부분은 한국식과 영어식 사고가 근본적으로 너무 다르다는 점이다. 그래서 국내파들이 성인이 된 이후 영어를 일정 수준 이상 구사하려고 할 때 많은 어려움과 고통을 느끼는 것 같다. 단순히 한국적 사고를 그대로 일대일로 대입할 경우 본인이 의도한 것과는 다르게 전달되거나 아주 어색한 표현이 되어버린다. 요즘도 원어민 보스와 일대일

넌 대체 몇 년째 영어 공부를 하고 있는 거니?

콜을 하면서 그쪽에서 한 번에 못 알아듣고 다시 질문하는 경우는 어김없이 내가 한국식으로 직역한 뒤 단어를 일대일로 가져갈 때이며 이런 영어는 부지불식간에 튀어나오는 경우가 많아 단시간 안에 개선하기 힘든 부분임을 절감한다. 오히려 다시 설명할 때 범용성이 뛰어난 구동사로 메인 아이디어를 처리한 뒤, 다음 문장을 짧게 가져가며 명사절 등을 이용해서 이야기를 서술하고 풀어가면 상대방은 훨씬 잘 알아듣는다. 실제 원어민이 말할 때 잘 들어 보면 거의 몇 가지 주요 동사들과 범용 구동사들을 이용해서 쉽고 자연스럽게 표현하며, 격식을 갖추어야 하는 문서와 이메일에서는 구어체와 구분되게 작문에 적합한 용어와 문체를 이용해 알맞은 힘을 주어 구사하는 것을 볼 수 있다. 이미 다른 뇌의 회로를 장착하고 있는 내가 영어를 대할 때마다 잘 안되는 발화의 부분들, 한국식 사고의 틀을 영어식으로 끊임없이 유도해 줄 외부적인 수단이 필요했다.

평소 다양한 발음에 꾸준히 노출되는 것도 필요했다. 이런 측면에서 영화나 미드 그리고 뉴스 중에서도 일반 시민들 인터뷰들 등을 통해 다양한 출신, 소음이 섞인 정제되지 않는 상황 속의 발음을 들어 보고 공부하는 게 효과적이었다. 결국 발음의 문제는 탄탄한 문형과 풍부한 표현, 영어식 사고가 받쳐주는 경우 절반 이상의 고민이 해결된다는 것을 실감했다.

마음과는 달리 회사 생활을 병행하면서 평일 혹은 주말에 짬을 내어 공부한다는 것은 생각보다 쉽지 않은 일이었다. 특히 영어 공부는 뛰어난 동시통역사분들도 평생 공부하고 연마가 필요하다고 하니 단기간 내에 성과를 내려는 조바심은 최대한 멀리하고 좀 더 느긋한 마음으로 나에게 맞는 방식을 택해서 잘 집중하고 오래 버틸 수 있는 스타일의 스터디 플랜을 세우는 게 도움이 되었다.

1년 남짓한 시간 동안 삶의 다른 부분을 희생하면서까지 소통을 위해 제대로 된 영어 공부를 시작한 내가 중점을 두고 학습한 내용들을 소개해 본다.

첫 번째, 원어민을 상대하는 회의에서 문장 발화 시 자신감을 심어주는 단문 영작의 힘이다. 현재 각 미팅과 회의에서 신속한 발화 및 문장 정확도에 있어 단기간 내 자신감을 올려주고 있는 영작의 뼈대이자 스피킹의 기본 근육들을 키워 준 부분으로, 요즘은 출퇴근길 한정된 시간에 집중적으로 짧은 호흡을 가져가며 한 문장씩 복습하려고 노력한다. 오전에 눈에 넣어 두었던 패턴과 어휘를 그날 당일 회사 업무에서 바로 사용할 수 있었던 날은 나름 희열과 보상을 느끼게 되어 개인적 만족도가 높은 공부 방법 중 하나이다. 본인이 실제 상황에서 한 번이라도 내뱉고 나면 그 이후부터는 깊이 체화되어 내 것이 된다는 걸 느낄 수 있다.

두 번째, 문어체 뉴스에 익숙해져 딱딱하게 말하는 나를 일상 생활은 물론 비즈니스에서도 손색없는 자연스러운 구어체 영어 노출로 이끌어주는 좋은 자료들로 재미있게 공부했다. 구어체 대화가 주를 이루는 일기 형식의 소설이나 영화 대본 등을 통해 다양한 상황에서의 문형과 어휘들을 익히다 보면 전에는 잘 안 들리던 빠른 뉴스 앵커 보도나 미드에서의 대화들이 하나씩 캐치되기 시작하고, 귀가 뚫리는 현상도 경험하게 된다. 이렇게 될 경우 입에서 자연스럽게 내뱉게 되고 갑갑하기만 했던 드라마나 영화들을 볼 때 어느 순간 쑥 잘 들리는 경험을 하기 시작한다.

주말 오전에는 미드와 구어체를 느낄 수 있는 미디어 뉴스 그리고 일상 내용을 담은 영작 실시간 수업을 1년 넘게 꾸준히 듣고 있다. '감'을 잃지 않기 위해서

이며 반복되는 일상에 적절한 긴장감을 유지해 공부의 끈을 놓지 않게 하는 활력소가 되어 준다. 최근 이슈가 된 부분들을 다방면에 걸쳐 밸런스 있게 듣고 일상에 대한 감상 및 에세이 재료가 될 수 있는 에피소드를 주제로 간단한 영작을 해 본다. 시의성을 갖춘 주제들에 대해 생각들을 정리해 볼 수 있고, 직접 스피킹으로 얼마나 어떻게 발화할 수 있는지 도전하고 점검할 수 있어 개인적으로도 아주 유익하고 직장에서의 스몰 토크에서도 빛을 발하고 있다.

개인마다 영어에서 목표하는 지점이 다르겠지만, 사람과 통화를 하든, 직접 만나서 대화를 하든 잘 통하면 그만인 셈이다. 결국, 원어민이 불편함 없이 내 이야기를 잘 이해하고 더 나아가서는 공감하여 감동할 수 있을 정도의 의사 소통을 해내고 싶다. 개인적인 욕심을 하나 더하자면, 그들이 생각하는 방식에 최대한 가깝게 표현하고 싶다는 것이 내가 품은 목표이다.

직장에서 영어가 필수적이고 중요한 비즈니스 수단이어서 영어 공부를 포기할 수 없는 상황이라면 실력 향상에 효과적인 방법은 직접 스피킹할 수 있는 기회에 최대한 많이 노출되어 보는 것이다.

보다 과감하게 회의에 참여하고 발표하고 추가 연습을 위해 원어민 일대일 회화 수업 수강을 할 수도 있다. 중요한 건 내가 직접 말할 수 있는 기회와 시간을 다양하게 만들어 '실제 내뱉는 나의 영어와 정면으로 맞닥뜨려보는 것'이다. 당연히 힘들고 창피한 순간들이 오지만 그래야 내가 공들인 시간과 노력을 실전에서 테스트해 볼 수 있다. 유명한 달변가들 중에 롤 모델을 찾아보거나, 본인이 자주 구사해야 하는 포맷에 맞는 온라인 매체, 자료(테드, 유튜브, 드라마) 등을 골라 하나의 기본 축으로 삼되, 본인 영어가 창피하더라도 끊임없이 노출시키고 부덮혀서 공부한 인풋이 얼마나 발화되는지, 그 정확성과 스피드가 나날이 얼마나 나아지는지 직접 느껴 보아야만, 본인이 원하는 수준의 영어로 한발짝 가까워질 수 있다.

이 책이 여러분의 영어 공부 여정에 의미 있는 전환점이 되기를 바라면서…….

한 권의 책을 쓴다는 건 '머릿속 어딘가에 숨어있는 기억을 소환하는 거구나' 하는 느낌이 드는 것과 동시에 찰나의 순간을 모두 기록해 두지 못한 점이 못내 아쉽게 느껴집니다. 하고 싶은 말은 '꽉' 차 있으나 책 한 권에 그 모든 생각을 다 담아내지 못한 아쉬움과 동시에 '이번을 계기로 조금씩, 꾸준히 집필 활동을 해 보자.'라는 다짐을 하게 됩니다.

이 책을 쓰면서 꽉 막힌 기분이 든 적이 정말 많았습니다. 하루 종일 책상에 앉아있으면서도 단 한 페이지도 써 내려가지 못한 채 무거운 발걸음으로 집으로 향한 적이 한두 번이 아닙니다. 그런 날이면 제 개인 사무실이 있는 남산 아래 후암동에서 제가 사는 곳인 마포 집까지 걸어가곤 했습니다. 한 시간이 조금 더 걸리더군요. 제법 먼 거리를 걸으면서 이런 생각을 했습니다.

'설사 많은 분과 이 책의 내용을 공유하지 못한다 해도 내겐 큰 의미가 있겠구나. 어쩌면 내 영어 공부의 긴 여정을 되돌아볼 수 있고, 그것을 기

록해두는 저장소가 될 수도 있으니 이 책을 쓰기로 한 건 여러모로 참 잘 한 거구나.'

그리고 내 머릿속 어딘가에 있는 기억이 문득문득 떠오를 때마다 빠른 속도로 기록하기 시작했습니다. 좋은 습관 하나가 생겼으니 이 또한 큰 소득이라는 생각도 듭니다.

또 하나 다짐을 한 것이 있는데요. '책을 많이 읽자.' 하는 결심입니다. 지난여름 저는 여러 권의 책을 읽었습니다. 다분히 의식적인 읽기였지요. 다른 여러 책에서 좋은 영감을 얻을 목적과 함께 저의 부족한 필력을 조금이나마 채울 수 있을까 하는 작은 기대감에서 말이죠. 그때 《불편한 편의점》(김호연 지음, 나무옆의자)이라는 소설책 한 권을 집어 들게 되었고, 늦은 퇴근을 한 어느 날 밤 이 책을 한달음에 다 읽어버리는 저를 보면서, '너무 재미있는데? 어쩔……'이라는 생각이 들더군요. '아, 책이라는 것이 이렇게 재미있을 수 있는 거구나. 나도 어릴 때부터 소설 작가를 꿈꿀 수 있었더라면 좋았겠다.' 하는 몽상도 해 보았습니다. 책 읽기 습관을 들일 수 있는 계기가 된 것 역시 저에겐 소중한 경험이었습니다.

얼마 전 저는 《공부가 가장 쉬웠어요》(장승수 지음, 김영사)의 저자 장승수 변호사님의 인터뷰를 접할 기회가 있었습니다. 다시 태어난다면 어떤 일을 하고 싶으시냐는 질문에 "미래 지향적인 일을 하고 싶다."라고 하시더군요. 저는 이 말이 무척 가슴 깊이 와닿았습니다. 영어를 가르치는 일을 하면서도 끊임없이 저를 괴롭힌 것이 있습니다. 시대가 가장 요구하는 스킬과 기술 그리고 지식을 갖춘 인물이 되지 못했다는 일종의 자괴감이 오랜 세월 저를 괴롭

혔던 것 같습니다. 좀 더 일찍 철이 들어 앞으로의 30년은 어떤 인재가 가장 각광받을 것인가를 예측하고 그 분야의 독보적인 인물이 될 수 있었다면 더 바랄 것이 없지 않았겠는가 하는 생각……. 하지만 이러한 생각 역시 지나간 것에 대한 미련과 아쉬움일 뿐, 앞으로의 제 삶을 구상하는데 도움이 되지는 않겠지요. 제가 이 일을 하는 동안만큼은 좀 더 많은 분이 영어로 인한 불필요한 에너지 소모와 수고를 덜 수 있게끔 조력자 역할을 하는 것 또한 미래지향적인 행위라고 생각하면서, 여러 가지 채널로 독자 여러분과 소통할 수 있기를 바랍니다.

무엇보다 이 책을 읽어 주신 독자분들께 고개 숙여 감사드립니다. 그리고 저라는 사람, 저의 콘텐츠와 진정성을 믿고 저에게 손을 내밀어 주신 상상스퀘어 고영성 대표님께 무한한 감사의 말을 전하고 싶습니다. 아울러 좀 더 좋은 책을 만들기 위해 애써 주신 출판팀 분들께도 감사의 말씀을 전합니다.

흔쾌히 추천사를 써 주신 임명현 기자님과 이인경 변호사님, 미래에셋 서철수 상무님, 구글 코리아 남달우 Analytical Lead님 그리고 유진숙 번역가님께도 고개 숙여 감사 말씀 올립니다.

그동안 그리고 지금도 함께 해 주시는 학생분들에게는 어떤 감사의 말씀을 드려야 할 지 모를 만큼 고마운 마음입니다. 여러분 덕에 저 역시 영어의 끈을 놓지 않을 수 있었습니다. 5년이 넘는 긴 시간 동안 저와 함께 수준 높은 영어 콘텐츠를 만들고자 하는 일념으로 함께 하고 있는 Nick 선생님에게도 고맙다는 말을 전합니다.

끝으로 자식 노릇 한번 제대로 한 적 없는 큰아들을 믿고 응원해 주시는 부모님 그리고 늘 형을 걱정해 주는 든든한 동생에게 고맙다는 말을 하고 싶습니다.

여러분 모두의 영어 공부 여정에 행운을 빌며, 저는 영어 교육 현장에서 제가 해야 할 일을 고민하고 실천하는 앞으로의 10년을 그려보겠습니다. 감사합니다. ✽

김재우

참고문헌

도서

Jeff Kinney, *Diary of a Wimpy Kid series* (Abrams Books, 2007)

Laura Dave, *The Last Thing He Told Me* (Simon & Schuste, 2021)

방송, 드라마, 강연, 유튜브

〈손세이셔널〉, tvN 다큐멘터리

〈Devious Maids〉 ABC television series

〈Emily in Paris 시즌 1, 2〉, Netflix show

〈Family Guy〉, FOX television series

〈J2FIT Strength & Conditioning〉, YouTube channel

〈The Chair〉, Netflix show

〈This is Us〉, NBC television series

〈Why I live a zero waste life〉, TEDx talks

〈Workin' Moms〉, Netflix show

〈You〉, Netflix show

온라인 사이트

ABC New (www.abc.net.au)

CBS News (www.cbsnews.com)

d1softfootballnews (d1softfootballnews.com)

football.london (www.football.london)

Glossica (ai.glossika.com)

넌 대체 몇 년째 영어 공부를 하고 있는 거니?

HiNative (www.hinative.com)

Masha (www.mymysha.com)

NBC News (www.nbcnews.com)

Streetcar Suburbs News (www.streetcarsuburbs.news)

The Wasington Post (www.washingtonpost.com)

The Economist (www.economist.com)

The Now York Times (www.nytimes.com)

Tripadvisor (www.tripadvisor.com)

U.S. Department of Education (sites.ed.gov)

추천 도서 및 사이트

추천 도서

Jeff Kinney, *Diary of a Wimpy Kid series* (Abrams Books, 2007)

현재 17권까지 출간된 책으로 초등학교 고학년에서부터 중학생까지를 염두에 두고 집필된 책이다. 구어 영어를 익힐 수 있는 최고의 도서이다. 자연스러운 영어 말하기를 목표로 하는 사람이라면 하루 한 단락씩 외우는 것을 추천한다.

Susan Beth Pfeffer, *Life as we knew it* (Harcourt Books, 2006)

중학생 수준의 소설이며 문장이 아주 어렵지는 않기 때문에 중급자 정도 수준의 학습자들에게 추천한다.

Laura Dave, *The Last Thing He Told Me* (Simon & Schuste, 2021)

단어가 아주 어렵지는 않으나, 구어적인 표현이 많아서 정확한 해석이 어려운 경우도 있다. 읽을 때 직접 화법으로 이루어진 따옴표 안의 대사들을 하루 5~6 문장씩 정리해서 소리를 내어 암기하면 영어 회화에 많은 도움이 된다.

유용한 사이트

www.phrasemix.com

일반 사전에서 소개하는 예문보다 훨씬 더 실용적인 예문이 많다. 바로 사이트에 접속하지 말고, 구글에서 원하는 단어나 표현을 넣은 후 phrasemix라고 쳐서 검색하는 것이 좋다. 예를 들어 'could use (something)'의 의미와 예문을 보려면 could use meaning phrasemix로 검색하면 된다.

https://youglish.com/

원하는 표현을 검색창에 넣으면 해당 표현이 들어간 영어 뉴스, TED 스피치, 연설 등 수많은 관련 영상이 뜨며 화면 아래에서 해당 영어 문장도 확인할 수 있다.

넌 대체 몇 년째 영어 공부를 하고 있는 거니?

https://yarn.co

원하는 표현을 검색창에 넣으면 해당 표현이 들어간 미드나 애니메이션이 보이며, 영상을 클릭하면 관련 표현이 들어간 수많은 구어 영어 문장을 볼 수 있다. 강력 추천하는 사이트 중 하나이다.

https://www.youtube.com/c/BigDawsTv

일상 구어 영어를 맛볼 수 있는 유튜브 채널이며 코믹한 상황을 설정해서 보여주는 곳이다.

https://www.webtoons.com/en/

영어로 번역된 국내 웹툰 작품과 해외 웹툰 두 가지 모두를 볼 수 있는 영어 학습에 있어서 최고의 웹툰 사이트이다.